本书为国家社科基金青年项目
"碳交易视角下我国低碳农业发展的推进机制与政策创新研究"
（项目编号：14CJY031）综合研究成果

我国低碳农业发展推进机制与政策创新研究

WOGUO DITAN NONGYE FAZHAN TUIJIN JIZHI YU
ZHENGCE CHUANGXIN YANJIU

李 波 等 著

人民出版社

序

　　低碳农业是转变农业发展方式，实现农业可持续发展的有效模式，是农业供给侧改革的基本要求，是推进低碳农业发展的重要路径。习近平总书记在气候变化巴黎大会上向世界承诺我国将继续推进气候适应型农业发展，其发展要义直指低碳农业。低碳农业是通过技术改进和制度创新建立起来的一种低投入、低消耗、低污染、高产出的现代农业。低碳农业是转变农业发展方式，实现农业可持续发展的有效模式，是乡村振兴战略的重要方面，是深入贯彻落实新发展理念的重要体现。中共中央办公厅、国务院办公厅出台《关于创新体制机制推进农业绿色发展的意见》强调推进农业绿色发展，其本质上还是要构建现代低碳农业产业体系。低碳农业发展既可以实现农业绿色和高效发展，又可以有效解决农村生态环境问题，是实现产业兴旺和生态宜居的重要途径，更是直接瞄准乡村振兴战略的重点和关键。

　　从现有研究文献来看，农业不仅作为温室气体的排放源，同时它也具有一定的碳汇功能。低碳农业作为一种绿色高质量农业生产方式，其高效、节能、绿色的鲜明特点很好契合了我国农业高质量发展和乡村产业振兴的要求。低碳农业的发展在当前国际市场上仍然是农业可持续发展的关键。国内外学者较为一致地认为低碳农业发展在环境保护和应对气候变化方面的重要性，发展低碳农业是当前国际农业市场发展的必然趋势。国内外学者对农业碳功能展开了一些定量研究，在低碳农业的发展路径和政策机制方面也给出诸多建议，以此促进低碳农业发展，减少碳排放。然而这些基于政府主导的政策建议比较笼统和抽象，缺乏可操作性和前瞻性，实施起来仍然存在着诸多困难与障碍，尤其是基于市场化的政策较为欠缺，与市场的结合尚不紧密，由于没有从根本上真正解决生态价值市场化问题，所以低碳农业发展的进一步推进仍旧存在诸多障碍，真正使低碳农业走向成熟仍然存在诸多的问题。因此，一方面将农业碳功能纳入碳市场交易机制中，使得低碳农业发展以市场化方式实现应有的环境价值，发展农业环境效益；另一方面从政策创新上提出碳补偿等低碳农业支持政策，实现国家政策与市场交易双向结合的发展机制，以全面提升低碳农业市场竞争力，实现农业可持续发展。

本书是李波教授承担国家社科基金青年项目"碳交易视角下我国低碳农业发展的推进机制与政策创新研究"（项目编号：14CJY031）综合研究成果。书稿内容集中体现了其近年来专注于农业资源与环境经济领域研究所取得的系列成果，书稿中很多研究内容体现了一定原创性和首创性，研究结论也具有较强的现实启发性和实践指导性。首先，本书利用跨学科分析方法，基于转移支付和市场化两种方式实现低碳农业生态价值的考虑，研究农业碳功能、碳价值。在设计低碳农业推进机制的同时，提出碳补偿、碳基金等低碳农业发展的支持政策，研究具有前瞻性。其次，本书从农业碳排放、农业碳汇两个方面综合测算农业碳功能，并分析了农地利用方式变化的碳效应，全面揭示了农业碳功能现状以及变化内因。在此基础上首次提出农业碳价值概念，并定量分析了湖北省农业碳价值问题；通过对山东、湖北、河南三个典型农业大省进行微观农户农业生产碳行为方式调查和影响因素实证，首次提出了农业生产碳行为方式概念，探寻了农户低碳农业生产影响机理；在借鉴国外经验的基础上，从建立农业参与碳交易体系、设立碳基金等视角提出了推进我国低碳农业发展的政策建议。研究内容上，基于新视角提出了一些新概念，得出了新结论。最后，本书既有定性分析也有定量分析，既有一般描述统计分析，也有数量模型分析。本书在数量分析中，分别采用了核密度估计、二元 Logistic 回归模型、方向性距离函数、空间计量模型等方法。综合来看，本书在研究视角、研究方法、研究内容等方面体现出较好的创新性。

加快推进农业高质量发展和农业产业振兴是当前实际工作部门重要瞄准点，更应该是学术界研究和努力探索的焦点和前沿，是当前理论研究的一项重要使命。为了鼓励"三农"研究领域青年学者奋发钻研、积极贡献学术智慧，同时也为了更好地分享本研究领域优秀成果，特将本书郑重推介，以供学界交流参考。

是为序。

张俊飚

2019 年 7 月 4 日

目　录

前　言

　　党的十九大报告首次提出建设富强民主文明和谐美丽的社会主义现代化强国的目标，把"坚持人与自然和谐共生"纳入新时代坚持和发展中国特色社会主义的基本方略，指出建设生态文明是中华民族永续发展的千年大计。因此，推进农业绿色低碳发展，是贯彻党的十九大精神、落实新发展理念的必然要求，是守住绿水青山、建设美丽中国的时代担当，是加快农业现代化、促进农业可持续发展的重大举措，对保障国家食物安全、资源安全和生态安全，维系当代人福祉和保障子孙后代永续发展具有重大意义。因此，推进低碳农业发展，是实现气候变化目标的必经之路，同时也是我国生态文明建设的重要支撑，更是农业实现绿色发展、可持续发展、高质量发展的有效途径。

　　低碳农业是以"低消耗、低污染、低排放，高品质、高效益"的"三低、两高"为特征的现代农业发展模式，是推进农业供给侧结构性改革和农业高质量发展的本质要求，也是实现农业产业振兴助推乡村振兴的重要途径。（1）农业参与碳交易是农业实现生态环境价值，以市场方式提升农业竞争力的重要途径。相比较而言，农业具有极强的碳汇功能，存在着大量可交易的碳，同时在确保粮食安全的前提下通过低碳农业发展能够在充分挖掘农业减排潜力的情况下，来增加未来农业可交易碳。（2）低碳农业发展目前所面临的障碍主要是其潜在的生态环境价值难以通过市场化方式来实现。进一步推进低碳农业发展，可以通过农业参与碳交易市场的机制、农业可交易碳挖潜的技术支撑机制、农业碳市场交易的金融支持机制、低碳农业发展的政策保障机制等设计来实现。（3）碳补偿、农业碳基金等政策创新是提升低碳农业市场竞争力的重要支撑。农业碳补偿等低碳创新政策是符合世界贸易组织（World Trade Organization，WTO）规则的重要绿箱政策，是充分利用规则来提升我国农业竞争力的重要体现。项目针对政策实施标准、实施方式进行探讨极具现实意义。

本书研究基于农业参与碳市场机制视角下，科学计量碳功能以及农业可交易碳，同时测算农业碳减排潜力及其潜在可交易量，量化市场化方式下的农业环境效益，在此基础上设计低碳农业发展的技术路径、金融机制以及通过碳补偿等政策措施创新，将生态环境价值纳入农业发展的新框架，以探讨全面提升农业竞争力的新机制与新措施。本书研究内容主要分为：低碳农业发展理论与现状（第一章、第二章）、低碳农业发展微观现状与机理分析（第三章）、农业碳功能与碳价值分析（第四章、第五章、第六章）、农业减排潜力分析（第七章）、低碳农业推进政策构建（第八章、第九章），共五大部分。主要研究内容和结论如下：

总体把握我国低碳农业生产发展现状与模式。研究分析了我国低碳农业发展立体种植节地模式、农业种植节水模式、农业观光休闲模式三种模式；分析了我国低碳农业发展集中典型的代表性模式，包括北方"四位一体"生态模式、南方"猪—沼—果"生态模式、平原农林牧复合生态模式。但是从农业生产投入现状来看，依然存在化肥、农药、农膜过量投入、畜禽养殖污染、农业生产和生活废弃物污染等农业面源污染，对低碳农业发展造成明显影响。进一步深入剖析了我国低碳农业发展面临的传统化学农业生产模式、低碳农业技术水平落后、生态恶化和自然资源不足、农业从业人员素质不高等阻碍因素。

从微观视角调查分析了我国湖北、山东、河南等典型农业省份农户低碳农业生产的现状及影响因素，结果发现：农户对低碳农业知晓程度不高、对于自身在低碳农业发展中的定位出现了偏差；受访农户对周边基础设施的评价略有不同，其中，湖北受访农户对周边基础设施的满意度最低，山东农户的满意度最好；各地区对农户的资源环境并没有表现出积极肯定的态度，但湖北地区的资源充足程度和卫生环境两个方面的情况，均比河南、山东两地的情况好；山东受访农户对垃圾处理的方式最具合理性；严格按照说明书标准或降低标准使用农药、化肥的农户分别占66.87%、55.30%，有29.64%的农户选择重复使用农膜，22.77%的农户将使用过的农膜卖给废品收购站集中处理。实证结果表明：整体来看，年龄和性别因素是影响农户选择低碳的生产行为的主要因素。具体来看，三省低碳施用农药行为：有多个变量对三省低碳施用农药行为的影响具有一致性。此外，在知识获取方面参加培训情况、电视以及网络变量对三省的低碳施用农药行为均无显著影响。文化程度、担任干部经历、耕地面积、家庭收入以及低碳农业知晓情况对三省份农户的低碳施用农药行为影响具有差异性。其中，文化程度变量仅在湖北省有显著影响；担任干部经历变量仅对山东省地区无显著影响，对湖北省和河南省均有显著的正向影响；耕地面积仅对河南省有显著的正向影响；家庭收入对湖北省和山东省都有显著正向影响；低碳农业的知晓情况仅对山东省有显著影响，且为负向。

三省低碳施用化肥行为分析：对三省低碳施用化肥行为有显著影响的因素较少。性别因素同时对三省的施用化肥行为有显著影响，但仅在湖北有积极的影响；尤其在户主个人特征方面，年龄因素在湖北、山东两地低碳施用化肥的行为有显著负向的影响，但在河南的影响不显著；而户主的文化程度仅在河南地区有显著影响，且为正向；户主具备某项技能方面也仅在湖北有显著的正向影响；三省的户主担任干部经历对其选择低碳施用化肥行为的影响均不显著。在家庭特征方面，耕地面积和家庭年收入情况在湖北、山东两地的影响均不显著，仅在河南地区有显著的正向作用。在专业知识获取特征方面，各变量最多只对一个省份有显著影响且为正向，其中低碳农业知晓情况仅在河南地区有显著影响，参加相关培训和网络情况都仅对山东有显著影响，具备电视的情况对三省均无显著影响。三省低碳处理农膜行为分析：各变量对三省低碳处理农膜行为的影响也多为不显著。例如，年龄因素对湖北、山东两地的农户选择低碳处理农膜的行为有显著的正向影响，但对河南有显著负向影响；性别因素仅对湖北、河南两地有显著影响，且为负向；而户主的文化程度以及其具备的干部经历、技能三个因素在三省均不显著；耕地面积和家庭收入分别对山东、河南两地有显著的正向影响；低碳农业知晓情况和参与相关培训情况分别对山东有显著的负向影响以及湖北地区有显著的正向影响外，在河南均无显著影响。

测算了我国农业碳功能并分析其时空特征。碳排放方面：2000—2016年全国及七大行政区域农业碳排放量呈增长趋势且区域内差异较大，其中华东地区农业排放量最高、西北地区增幅最大；经济因素是促使农业碳排放增加的第一大因素，在华东、华中、华北和西南地区分别累计贡献 2506.71 万吨、1697.94 万吨、1105.74 万吨、1018.40 万吨；各区域农业碳排放与经济增长的脱钩关系逐年改善，但区域间和区域内均存在差异；人口规模和结构因素对碳减排均作出脱钩努力，且人口规模的脱钩努力程度在华东地区最大，而结构因素在华北地区最显著；生产效率仅在西南地区未作出脱钩努力。碳汇方面：2015 年我国主要农作物碳汇总量为 80994.75 万吨，与 1991 年相比增加了近 50%，年均增长率为 1.71%。2015 年粮食作物、经济作物的碳汇量分别占总碳汇的 80.90% 和 19.10%。1991—2015 年我国主要农作物强度，波动的幅度较小，但总体上有所上升，根据其演变过程大致可以分为三个上升阶段。2000—2015 年林地碳汇量增长了 10.58%，草地碳汇则呈现微弱的逐年递减趋势。净碳功能方面：2000—2015 年全国的净碳排放量呈现出“升—降—升”的波动变化，但整体是呈现上升的趋势，且与总碳排放的变化趋势大体相同，总的碳汇量变化相比总碳排放和净碳排放的变化较小。进一步核密度估计表明：我国农业净碳排放地区间的差异越来越大，东部和中部地区净碳排放是上升趋势，西部地区净碳排放总趋势是先上升后下降，且变化幅度较大；东部和中部农业净碳排放集中在较高的水平，远远高于西部地区；各个地区的净碳排放变化幅度扩大程度不同，但中部地区相比其他地区而言，各省之间的差距较大。

以湖北省为例从省域层面测算分析了农业碳排放时空特征、影响因素以及农业资源利用方式变化的碳效应。结果表明：1993—2014 年湖北省农业碳排放年均递增 3.20%，总体呈现四阶段变化特征。其中，农业经济发展因素累积引发 260.75% 的碳增量，结构、效率、农业劳动力因素则分别累计实现 44.87 %、31.40%、90.78% 的碳减排；对碳排放总量和强度进行聚类分析表明,武汉等七个区域属于"低—低"型,荆州属于"高—低"型,宜昌、襄阳、黄冈属于"高—高"型,随州、仙桃属于"低—高"型;2005—2014年林地和草地碳汇量均呈现一定幅度的递减态势,因生态退耕产生的碳汇波动比较大,大体呈现出下降的趋势,因建设占用产生的碳排放呈现增长的趋势;运用Kernel密度估计湖北省农业净碳排放演进特征发现,总体上各地市州农业净碳排放的差距呈现缩减态势。分区域来看,鄂东地区各地市州农业净碳排放差距有微弱的扩大后又出现明显缩小,但净碳排放整体上无明显变化;鄂中地区各地市州差距扩大,净碳排放整体有减少态势;鄂西地区各地市州差距有所缩小但不明显,净碳排放整体有增长态势。

再以湖北省的农业碳价值作为研究对象,利用Alasso法和BP神经网络法对碳市场价格进行预测,粗略确定碳价为47.92元,并估算了湖北省农业碳价值和分析其特征,得出如下结论。时序特征:湖北省农业碳价值总体来看呈现波动上升态势,具体可以分为碳价值和比值急剧减少—碳价值量快速上升、比值摇摆不定—碳价值和比值稳步上升三个阶段。空间特征:通过显性碳价值与隐性碳价值的比值和碳价值两个指标利用SPSS对各地市州做聚类分析,襄阳市属于"高—高"型,宜昌市和恩施自治州属于"高—低"型,荆州市和黄冈市属于"低—高"型,武汉市、黄石市、孝感市等地区属于"低—低"型。分布演进特征:与2008年比较,2011年地区之间的差异变小,但是出现两极分化现象;与2011年比较,2014年地区碳价值的动态趋势基本不变,但是地区差距有扩大的倾向。

首先,将农业碳排放作为非期望产出,利用Super-SBM对偶模型对29个省（自治区、直辖市）的农业碳减排成本进行测算，求得影子价格。总体来看，大部分省（自治区、直辖市）的碳排放影子价格先快速增长，随后出现微弱下降的趋势；从区域特征来看，农业碳排放影子价格较高的为传统农业大省或者是沿海经济发达地区，西部欠发达地区的农业碳排放影子价格普遍较低。其次，在公平和效率原则的基础上，计算29个省（自治区、直辖市）的农业碳排放公平性指数和效率性指数，并分为四类："高—高"型、"高—低"型、"低—高"型和"低—低"型。"高—高"型：北京、天津、山东、河北、海南、福建和浙江；"高—低"型：内蒙古、辽宁、吉林、黑龙江和新疆；"低—高"型：河南、广东、西藏、青海和宁夏；"低—低"型：安徽、江西、湖南、湖北、山西、广西、甘肃、陕西、重庆、四川、云南和贵州。最后，分别依据效率与公平相等原则、公平优先原则和效率优先原则求农业碳减排潜力指数，发现北京、天津和浙江在三个不同优先原则下农业碳减排潜力指数均排名前五，四川、贵州、云南和甘肃在三个不同优先原则下农业碳减排潜力指数均排名后五，根据不同原则所得到的农业碳减排潜力指数，对中国各省（自治区、直辖市）进行合理且有区别的农业碳减排任务分配。

从目标规划、农地耕作、资金支持、立法规范、技术开发等方面全面总结了国外低碳农业发展经验，并针对设立目标规划、科学农业耕作、加大资金支持、完善法律法规、发展高新技术等视角提出推进我国低碳农业发展的政策启示。在借鉴国外经验基础上，基于研究结论，从技术、金融、人才、农业碳汇市场、政策与制度等方面提出推进我国低碳农业发展的对策建议。

本书为国家社科基金青年项目"碳交易视角下我国低碳农业发展

的推进机制与政策创新研究"（项目编号：14CJY031）综合研究成果。本书在撰写中得到了课题组成员大力支持与参与，得到了华中农业大学经济管理学院、中南财经政法大学工商管理学院、武汉工程大学商学院等高校专家的指导和大力支持。值此，向他们表示衷心感谢！同时特别感谢本书所引用文献的所有作者！

期望通过本书的出版，能够使更多的学者和社会人士关注低碳农业问题，能够为正在该领域研究的学者提供一些资料和思路借鉴，能够为我国农业高质量发展实际工作提供理论支持。

限于笔者的知识和学术水平，本书难免存在不足甚至不确切之处，恳请读者批评指正！

李波

2019 年 7 月 5 日

于武昌南湖

第一章　研究理论基础与研究框架

第一节　研究的背景与意义

一、研究的背景

党的十八届五中全会提出"创新、协调、绿色、开放、共享"五大发展理念[①]，国家自主贡献（INDC）提出了到 2030 年单位国内生产总值二氧化碳排放比 2005 年下降 60% — 65% 的目标。[②] 这都表明面对大气质量持续恶化、生态环境严重破坏的困境，我国对生态保护极其重视，将生态保护放在重要位置，而大力推进低碳发展是保护生态的重要举措。农业是重要的碳源之一，而我国作为农业大国，且农业正处于快速发展的轨道，其导致的碳排放不可忽视。低碳农业是转变农业发展方式，实现农业可持续发展的有效模式，是农业供给侧改革的基本要求，更是深入贯彻落实五大发展理念的重要体现。习近平总书记在气候变化巴黎大会上向世界承诺我国将继续推进气候适应型农业发展，其发展要义直指低碳农业[③]。党的十九大报告首次提出建设富

---

① 《中国共产党第十八届中央委员会第五次全体会议公报》。
② 《强化应对气候变化行动——中国国家自主贡献》（INDC）。
③ 习近平：《携手构建合作共赢、公平合理的气候变化治理机制》，2015 年 11 月 30 日。

强民主文明和谐美丽的社会主义现代化强国的目标，把"坚持人与自然和谐共生"纳入新时代坚持和发展中国特色社会主义的基本方略，指出建设生态文明是中华民族永续发展的千年大计。[①] 因此，推进农业绿色低碳发展，是贯彻党的十九大精神、落实新发展理念的必然要求，是守住绿水青山、建设美丽中国的时代担当，是加快农业现代化、促进农业可持续发展的重大举措，对保障国家食物安全、资源安全和生态安全，维系当代人福祉和保障子孙后代永续发展具有重大意义。因此，推进低碳农业发展，是实现气候变化目标的必经之路，同时也是我国生态文明建设的重要支撑，更是农业实现绿色发展、可持续发展、高质量发展的有效途径。

二、研究的意义

（一）理论意义

基于农业参与碳市场机制视角下，科学计量碳功能以及农业可交易碳，同时基于情景分析法定量计量粮食安全目标下农业碳减排潜力及其潜在可交易量，量化市场化方式下的农业环境效益，在此基础上设计低碳农业发展的技术路径、金融机制以及通过碳补偿等政策措施创新，将生态环境价值纳入农业发展的新框架，以探讨全面提升农业竞争力的新机制与新措施，这将对现有研究文献起到重要的补充完善作用。

（二）实践价值

通过对农业可交易碳、可交易潜力碳，低碳农业市场与政策推进

---

① 习近平：《决胜全面建成小康社会　夺取新时代中国特色社会主义伟大胜利》，2017年10月18日。

机制，碳补偿等政策创新研究，试图回答农业可交易碳有多少？可实现的潜在碳交易量有多少？什么样的市场机制有利于推进低碳农业的发展？碳补偿等创新性政策如何实施？对低碳农业竞争力如何影响？研究这些现实问题，对于碳市场机制下低碳农业突破障碍来实现顺畅发展具有重要的现实意义，研究具有较强的实践价值。

第二节　国内外文献综述

一、国外研究现状

国外关于低碳农业研究可归纳为以下几个方面。

（一）农业碳功能

科尔（C.V.Cole）等（1997）研究发现农业碳减排潜力为 $1.15—3.3 \times 10^9$ 吨 / 年。[1] 弗里堡（Freibauer，2004）认为农业对提高土壤碳库有重要作用，提出现代农业应向低碳农业转型。[2] 哈钦森（Hutchinson，2007）调查研究农业碳汇功能的发生机理以及实践可行性问题，提出低碳农业应首选农业碳汇发展模式。[3] 联合国粮农组织高级官员纳蒂娅·西尔拉芭、基思·博森（Keith Paustian，2006）认为低碳农业本身具有减排潜力，同时可以降低其他部门碳排放。[4] 戴

---

① C.V. Cole1, J. Duxbury 2, J. Freney，et al.，"Global Estimates of Potential Mitigation of Greenhouse Gas Emissions by Agriculture"，*Nutrient Cycling in Agroecosystems*, No.49,1997.

② Freibauer A, Rounsevell M. D. A., Smith P., et al.，"Carbon Sequestration in the Agricultural Soils of Europe"，*Geoderma*, Vol.122, No.1,2004.

③ J.J. Hutchinson, C.A. Campbell, R.L. Desjardins，et al.，"Some Perspectives on Carbon Sequestration in Agriculture"，*Agricultural and Forest Meteorology*,Vol.142, No.2, 2007.

④ Antle J. M.，Paul E. A.，Paustian K.，et al.，"Agriculture's Role in Greenhouse Gas Mitigation"，*Center for Climate & Energy Solutions*, 2006.

维·诺斯（David Norse，2012）认为低碳农业不仅限制温室气体排放，而且影响一系列其他的环境和生态系统的利益。联合国粮农组织高级官员纳蒂娅·西尔拉芭认为，土壤与天然草原是一个储量巨大的碳库，发展有机农业，通过土壤的固碳功能大约能抵消全球温室气体排放总量的25%。王（Wang，2015）认为低碳农业力求在生态经济学原理下形成一种可持续发展的农业发展模式，力求在保证农业经济发展速度稳定的条件下，比传统农业更加环保。马克·巴赫（Mark Baah，2016）提出农业是温室气体的第二大来源，低碳农业是低碳经济的基础。[①]利贾·罗马尼亚奇（Lygia Romanach，2016）提出推进低碳农业经济发展对于实现农业方面的节能减排、低碳环保和可持续发展具有非常大的积极的战略性的意义。拉坦·拉尔（Rattan Lal，2017）认为低碳农业不仅有助于调节气候变化，也能提高食物的安全性。达南杰·亚达夫（Dhananjay Yadav，2017）认为世界农业处于一个由高碳向低碳转变的重大转型期。加法尔·阿里（Ghaffar Ali，2018）认为低碳农业具有节约高效、环保、优质和现代集约等诸多优点。

（二）碳排放影子价格

国外测量碳排放影子价格主要有两种方法：一种是参数化方法，假设生产函数从而得到碳排放的影子价格，此方法是研究影子价格初期大部分学者经常使用的研究方法。首先，皮特曼（Pittman，1981）假设生产函数为超对数函数，并且通过微积分的方法求得了边际生

---

① Baah-Acheamfour, Mark et al., "Forest and Grassland Cover Types Reduce Net Greenhouse Gas Emissions from Agricultural Soils", *Science of the Total Environment*, 2016.

产力，从而确定了影子价格。[①] 随后，由威廉（Willian，1993）等通过建立影子价格模型研究二氧化碳的增加的影响，探寻大气中二氧化碳对人类社会经济活动所产生的影响。费尔（Fare R.，2006）进一步利用谢帕德（Shephard，1970）的方向性距离函数方法，推导出基于方向性距离函数的影子价格，认为碳排放具有负外部效应，在增加期望产出的同时也会带来非期望产出。另一种方法是 DEA 非参数化方法，此方法是目前研究碳排放影子价格的主流方法，运用形式更加灵活。李等（Lee et al.，2002）运用 DEA 方向性距离函数的对偶模型估计了污染物的影子价格。[②] 托尼（Tone，2003）提出可以估计非期望产出的 SBM 模型，解决投入和产出的松弛性问题，进而获得碳排放影子价格。

（三）低碳农业政策与技术

发展低碳农业的相关政策的制定，要以生态农业、循环农业和生态高值农业为原则，从法规政策和技术体系上制定低碳农业的发展方案。托马西（Tomasi，1994；Shortle，1997）认为将激励、税收、补贴三大机制有机融合以期实现农业减排，而税费标准、补贴价格的合理与否则决定其成败与效率（Brian C. Murray，2004）。杰夫·沙赫岑斯基（Jeff Schahczenski）、霍利·希尔（Holly Hill，2009）认为确定碳税征收主体是关键。陈（Chen，2016）认为对于不同区域划分不同的碳税和补贴标准有利于提高农业人员的积极性，促进各个

---

① Pittman R. W., "Issue in Pollution Control:Interplant Cost Differences and Economics of Scale",*Land Economics*,Vol.57,No.1,1981.

② Lee J. D, Park J. B., Kim T. Y., et al., "Estimation of the Shadow Prices of Pollutants with Production/Environment Inefficiency Taken into Account: A Nonparametric Directional Distance Function Approach", *Journal of Environmental Management*, Vol.64,No.4, 2002.

地区协调发展。维特尼斯·扬考斯卡斯（Vytenis Jankauskas，2017）提出可以征收生态税、水污染税等来减少碳排放。何建坤（Jian Kun He，2018）提出建立生态基金和设立节能环保基金。此外，提供激励（H. Pathak，2011）、碳交易机制（Jeremy R. Franks，2012）也是重要政策路径。李伟（Wei Li，2014）认为政府要加强宣传，转变群众思想观念，提高低碳意识十分重要。在低碳技术层面，农业工程措施主要包括调整农作物栽种密度（K. Paustian，1999）、转变土地利用模式（Elsevier Ltd，2004）、少耕或者免耕（A. Weiske，2007）、植树造林（Kenneth R. Richards，2006）、加强农村沼气建设（Frank W. Geels，2017）、高效使用氮肥（Grant Allan，2017）、农作物秸秆高效利用（Evans Neal，2018）、秸秆替代木材生产复合板创立碳中和生产体系（J.M. Islas-Samperio，2018）、秸秆氨化喂畜（Ruguo Fan，2018）、秸秆替代木材生产复合板（Lili Dong，2018）、利用畜禽粪便生产微生物有机肥（Tianle Liu，2018）等。而农业科技措施则包括：改变饲料配比，转变牲畜饮食结构（Jane M. F. Johnson，2007）；提高粪便管理水平（Kairsty Topp，Bob Rees，2008）；发展有机农业（A. Weiske，2007）、提高氮肥利用效率，减少绝对施用量（Gilbert E. Metcalf，John M. Reilly，2008）；碳捕捉（Kelsi Bracmort，2010）和生物燃料取代化石燃料（Ronald Steenblik，Evodkia Moise，2010）；充分利用农业剩余能量（John L. Field，2016）；发展太阳能建筑一体化技术（2017）；农膜降解回收（Gustav Cederlöf，2017）；节能农业机械的使用（Lisa Junghans，2017）；发展可再生能源（Marianna Markantoni，2018）；有机肥替代（Smith，2018）等。

二、国内研究现状

国内关于农业碳排放研究主要体现在以下几个方面。

(一)农业碳功能及其现状

林而达(2005)认为农业土壤具有碳汇功能,并分析我国农业土壤固碳容量、强度及潜力。谢淑娟等(2010)认为农业既是温室气体排放源,同时又是巨大的碳汇系统。马涛(2011)实证发现总体而言上海农业仍是一个巨大的碳汇系统。黄祖辉等(2011)研究认为农业技术和管理措施具有积极的减排增汇效应。田云(2014)研究认为发展低碳农业是实现生态环境和经济增长和谐共进、促进农业可持续发展的重要途径。张卜元(2016)认为将农业碳排放纳入碳排放权交易市场已经成为碳减排和低碳农业发展的未来趋势。陈昌洪(2016)提出低碳农业被誉为第二次"绿色革命"。段景田(2016)提出发展低碳农业应遵循3R原则,即"减量化、再利用和再循环"。侯宪东(2016)认为发展低碳农业,不仅可以增加碳汇,保障我国碳减排目标的顺利实现,同时还能保障我国的粮食安全。何艳秋(2016)提出低碳农业不仅是减缓气候变暖的重要手段,也是中国传统农业向现代农业转变的必经过程。胡中应(2017)认为低碳农业是发展生态农业、循环农业和有机农业的统一,是发挥经济功能、生态功能与文化功能的统一,是保障粮食安全与履行减排责任的统一,因而是符合农业发展规律的必然选择。朱玲等(2017)研究认为低碳农业就是提高农业的碳汇能力,从而实现农业源温室气体净排放不断减少的目标。迟景译(2017)研究显示农业碳排放强度的高低能反映一个城市低碳经济水平的高低。邓悦等(2017)提出退耕规模是影响不同模式碳排放密度差异的重要因素,实现经济效益和生态效益双赢是低碳农业发展的关键所在。孙秀梅（2017）研究发现新媒体对低碳农业的发展有所影响。伍文浩（2017）提出农业是一个重要碳源和巨大碳库，发展低碳经济离不开低碳农业。梁青青（2018）认为发展低碳农业有利于调整产业结构，转变农业发展方式。韦沁等（2018）研究发现总体上北方农业碳排放量大于南方地区，单位面积碳排放呈总体上升趋势，单位产值碳排放呈总体下降趋势。李炎等（2018）认为低碳农业的核心是能源和资源利用技术创新、制度创新和人类发展观念的根本性转变。王娜（2018）认为低碳农业的最终目的是减少能源的消耗以发展农业。

（二）碳排放影子价格

国内对于碳排放影子价格的测算起步较晚，吸取国外的研究经验后，将影子价格模型用于各个领域的研究中。陈诗一（2011）使用环境方向性距离函数来估算中国工业二氧化碳影子价格。宋马林（2012）构建了一个考虑非期望产出和影子价格的非参数化 DEA 模型，并对无效决策单元进行了改进。吴贤荣（2015）利用方向性距离函数法测量了农业碳排放影子价格，构建了具有期望和非期望产出的农业经济模型。宋杰鲲（2016）等基于 SBM 模型考虑能源消费结构下的各省二氧化碳影子价格。

（三）低碳农业现状与障碍因素

李静等（2012）使用方向性距离函数研究发现东部地区低碳农业减排效率明显高于中西部地区，而中西部地区减排潜力较大。曾大林等（2013）实证发现我国低碳农业发展效率值存在收敛性，各省区效率值差距正在缩小并有趋同和稳定的状态。低碳农业发展面临技术体系不完善（胡习斌，2009；李明贤，2011）、缺乏有效激励机制

（温铁军，2010）、资金缺位（胡习斌，2009；刘泉君，2011）等障碍。吴贤荣等（2014）利用DEA—Tobit模型研究发现耕地面积、产业结构以及农业受灾程度显著抑制农业碳排放效率，而劳动文化、对外开放程度正向显著影响农业碳排放效率。陈池波等（2016）研究结论揭示了当前我国低碳农业发展水平存在较为明显的空间非均衡性，先后受到了农村基础教育水平、经济发展水平等多重因素影响。田云等（2017）利用Tapio脱钩模型研究发现我国农业碳排放与低碳农业生产率之间以负脱钩和弱脱钩为主，未实现强脱钩。徐婵娟（2017）认为我国秸秆、废弃农膜燃烧等不合理的农业废弃物处理方式产生大量的碳排放。白静等（2018）研究发现我国南方农业碳排放强度差异高于北方，在南北区域沿海差异逐渐减小，西北和西南差异逐渐增大。姜燕（2018）研究发现东北地区作为我国的老工业基地，农业发展仍然是高消耗高污染，低碳农业发展未基本成形。姚顺波等（2018）提出我国尚未形成系统的低碳农业行动方案或可具推广的成功模式，进而导致微观农户缺乏实施低碳生产的主动性。

（四）低碳农业生态补偿

农业碳功能是农业生态效益补偿的重要依据，生态补偿是调节生态环境和各个利益主体关系的一种政策机制。利用生态补偿来推进低碳农业十分具有必要性和迫切性。建立完善的生态补偿机制是农业碳减排的关键。现有文献虽有提及应实施生态补偿发展低碳农业（赵其国，2010；刘星辰、杨振山，2012；潘根兴，2010；高尚宾，2010）。张新民（2013）从法律法规体系、技术体系、补偿框架方面提出农业碳减排的生态补偿机制。刘春腊等（2014）认为在生态补偿实践中，生态补偿主客体、生态补偿标准、生态补偿尺度均需要一个精确的考量。段景田（2016）提出，瑞士、美国均通过立法补偿退耕休耕等措施增强土壤固碳能力。张孝义（2016）研究发现中国目前开展了中国—欧盟可持续发展与生态补偿政策研究项目。张新民（2016）提出生态补偿要构建农业碳减排的生态补偿的保障体系与激励机制，构建农业碳减排生态补偿的技术创新体系，还要构建效率性、可操作性的农业碳减排生态补偿框架。袁伟彦、周小柯（2014）和陈儒（2018）认为建立碳补偿形式的生态补偿机制对提高农户低碳农业生产的积极性具有重要作用。孔德帅（2017）提出建立生态补偿机制可以防止陷入"守着绿色青山饿肚子"的窘境。姜志德（2018）认为构建"碳补偿"形式的农业生态补偿机制，区域间差异性带来的影响也不容忽视。此外，涉及资金来源、补偿项目、补偿方式、资金补贴测算方法等关键问题的机制和政策设计研究还非常欠缺。李国志（2017）提出开展农业生态补偿，需要强有力的经济基础，因此如何筹集补偿资金是农业生态补偿的关键问题。张振宇（2017）认为国家及各个政府部门尚未建立一个较为完善的政府与市场双主导的生态补偿机制，生态补偿机制仍处于一个较为不成熟的状态。

（五）低碳农业机制与政策

陈红等（2006）认为应更多地利用经济手段和激励机制；李皇照（2010）、胡新良（2010）、王松良等（2010）提出通过低碳消费引导，形成消费驱动低碳农业生产倒逼机制。潘根兴等（2011）指出低碳农业需创新农业减排技术和低碳农业体系。张艳、贾阳（2011）提出低碳农业碳金融支撑机制。刘娟等（2013）基于碳锁定—解锁，总结提出了我国低碳农业碳解锁的政策启示。虞祎、刘俊杰（2013）提出农业全产业链整体减排机制。秦军（2014）提出产供销一体化、碳捕获为目的固碳农业、和谐共生立体农业三种低碳农业发展模式。曲福田等（2010）则提出水、土、气等基本要素环境容量总量控制与节能减排目标分解设想。此外还包括引进国际先进低碳技术（潘家华等，2010）、选择财税政策路径（熊冬洋，2011）、建立农业合作组织碳汇开发与交易支持机制和建立国内农业碳汇交易场所（张开华，2012）。王惠等（2015）提出针对农业生产效率提高对农业减排效应存在区域差异，各省份要因地制宜发展农业。李晓俐（2015）提出发展有机农业系统。何小洲（2016）提出政府应通过给予补贴、碳税返还等措施来鼓励农业企业实行低碳生产。李玉梅（2016）提出应实施技术、组织、制度、财经等融合形成"四位一体"全方位管理模式。杨果（2016）提出发展低碳农业可以采用产供销一体化、碳捕获为目的的固碳农业及和谐共生的立体农业三种模式。陈丽如（2017）提出应制定中长期发展规划，加快农业发展方式的转变。朱子玉（2017）提出了政府应遵循结构减排、技术减排、规模减排、区域差异化减排、联动减排和切勿抑制经济减排的思路。杜华章（2017）提出大力推广以"农业投入品减量、农业废弃物再利用和种养业生态循环利用"为重点的低碳农业发展新模式。金瑜雪（2017）提出充分发挥市场对资源的配置作用，形成低碳农业良性运行机制，建立推进低碳农业发展的激励机制。何炫蕾等（2018）提出加快农业传统发展模式向现代化农业的转变，是减少农业碳排放的主要途径之一。杨筠桦（2018）提出了要实施多元化农业减排补贴政策，充分利用政策工具。翁伯琦等（2018）提出要优化农牧结构比例，完善种养加相配套、产供销一体化的农业产业集群。赵子健（2018）提出政府应力推农业的低碳化建设，重视直接与间接排放上的削减协同性。李广瑜（2018）提出政府应该鼓励绿色农产品与有机农产品的认证和生产，助力农业高端化和低碳化转型。

三、研究评述

纵览文献，农业不仅作为温室气体的排放源，同时也具有一定的碳汇功能。低碳农业作为一种新兴农业生产方式，其高效、节能、绿色的"自身魅力"完美契合了中国可持续发展道路的要求。低碳农业的发展在当前国际市场上仍然是农业可持续发展的关键。国内外学者较为一致地认为低碳农业发展在环境保护和应对气候变化方面的重要性，发展低碳农业是当前国际农业市场发展的必然趋势。国内外学者对农业碳功能展开了一些定量研究，在低碳农业的发展路径和政策机制方面也给出诸多建议，以此促进低碳农业发展，减少碳排放。然而对农业减排潜力进行测算与分析较为欠缺，基于政府主导的政策建议比较笼统和抽象，缺乏可操作性和前瞻性，实施起来仍然存在着诸多困难与障碍，尤其是基于市场化的政策较为欠缺，与市场的结合尚不紧密，所以没有从根本上真正解决生态价值市场化问题。因此低碳农业发展的进一步推进仍旧存在诸多障碍，真正使低碳农业走向成熟仍然存在诸多的问题。因此，第一，在全面把握农业碳排放现状与驱动机理的基础上，通过科学的方法计算出农地利用碳排放影子价格，对农业碳排放潜力进行估算，为减排提供可靠的依据，同时为各地区构建差异化的减排政策体系提供理论参考。第二，将农业碳功能纳入碳市场交易机制中，使得低碳农业发展以市场化方式实现应有的环境价值，发展农业环境效益。第三，从政策创新上提出碳补偿等低碳农业支持政策，实现国家政策与市场交易双向结合的发展机制，以全面提升低碳农业市场竞争力，实现农业可持续发展。

第三节　研究框架、基本观点与基本思路

一、研究的框架

在全面梳理国内外低碳农业研究文献和基础理论的基础上，提出研究的基本框架：碳交易及碳市场机制下低碳农业发展的理论分析框架。

（一）低碳农业发展现状与模式分析

全面分析我国低碳农业发展的节水、节地、高效等低投入高效率等显著特征，从中观产业角度分析农业资源利用现状、农业生产投入现状、农业环境污染现状以及阻碍我国低碳农业发展的因素。在此基础上，重点分析我国低碳农业发展的三种典型模式。

（二）农业碳功能测算与时空特征分析

从时空两个维度定量测算我国种植业碳排放、畜牧业碳排放、农作物碳汇、林地和草地碳汇，同时进一步测算了农业净碳功能。在测算基础上，分析了农业碳功能的时空特征、农业碳排放驱动因素、农业净碳功能演进趋势，全面揭示我国农业碳功能定量特征和内在机理。并进一步以农业大省湖北省为例，从时空角度具体分析其碳功能及其特征。

（三）农业碳价值测算理论体系与实证研究

农业碳价值是依托农业碳功能来综合测算农业的生态环境价值，

是低碳农业以市场化方式实现生态环境价值的重要基础。基于碳价格分析与预测，测算并分析了湖北省农业碳价值的时空特征与演进趋势。

（四）我国低碳农业生产现状的微观调查与影响机理研究

从农户家庭基本信息、种养殖生产投入现状、农户观点与看法、气候变化认知及应对、农户关于低碳农业技术的观点或感受等方面调查湖北、河南、山东三个典型农业大省低碳农业生产现状，并对农户农业生产碳行为方式进行实证分析。

（五）基于公平与效率的我国农业碳减排潜力分析

对 2000—2016 年 29 个省（自治区、直辖市）的农业碳边际减排成本进行估算，基于农业碳减排的公平性与效率性差异，将 29 个省级行政区域划分为四大类：高效较公平、高效欠公平、低效较公平、低效欠公平，并初步探讨各省区减排责任分摊机制。

（六）加快推进我国低碳农业发展的政策体系

在借鉴国外低碳农业发展经验基础上，从技术、金融、人才、政策等层面提出了加快推进我国低碳农业发展的创新政策体系。

二、基本观点

全面梳理国内外低碳农业研究文献和基础理论，认为通过科学的方法计算出农地利用碳排放影子价格，对农业碳排放潜力进行估算，为减排提供可靠的依据，同时为各地区构建差异化的减排政策体系提供理论参考；将农业碳功能纳入碳市场交易机制中，使得低碳农业发展以市场化方式实现应有的环境价值，发展农业环境效益；碳补偿等创新政策，可实现国家政策与市场交易双向结合，全面提升低碳农业市场竞争力，实现农业可持续发展。基于"宏观现状，微观调查、机理分析，政策创新"的逻辑思路提出了研究的基本框架：碳交易视角下低碳农业发展的理论分析框架。

三、研究的思路与技术路线

研究遵循"宏观现状→微观调查→机理分析→政策创新"的研究思路。

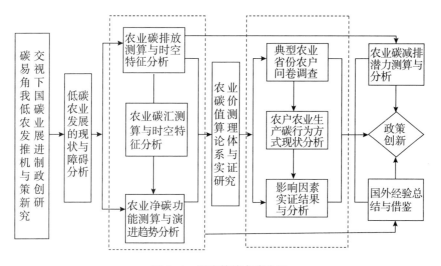

图 1-1　研究的技术路线图

四、研究的创新之处

其一，本书利用并整合农业经济学、环境经济学、生态学等跨学科分析方法，基于转移支付和市场化两种方式实现低碳农业生态价值的考虑，研究农业碳功能、碳价值。在设计低碳农业推进机制的同时，提出碳补偿、碳基金等低碳农业发展的支持政策，研究具有前瞻性，体现了本书研究方法上的系统性与视角上的新颖性。

其二，从农业碳排放、农业碳汇两个方面综合测算农业碳功能，并分析了农地利用方式变化的碳效应，全面揭示了农业碳功能现状以及变化内因。在此基础上首次提出农业碳价值概念，并定量分析了湖北省农业碳价值问题；针对山东、湖北、河南三个典型农业大省进行微观农户农业生产碳行为方式调查和影响因素实证研究，首次提出了农业生产碳行为方式概念，探寻了农户低碳农业生产影响机理；在借鉴国外经验的基础上，从建立农业参与碳交易体系、设立碳基金等视角提出了推进我国低碳农业发展的政策建议。研究内容上，基于新视角提出了一些新概念，得出了新结论，体现了研究内容创新。

其三，从研究方法上来看，既有定性分析也有定量分析，既有一般描述统计分析，也有数量模型分析。在定量分析中，充分体现跨学科研究思路，将数量模型引入本书中。本书在数量分析中，分别采用了核密度估计、二元 Logistic 回归模型、方向性距离函数、空间计量模型等方法，充分体现了研究方法的创新。

第二章　我国低碳农业发展的现状与模式分析

　　我国不仅是人口大国，更是农业大国，农业作为国民经济的重要基础，其发展的稳定性和可持续性对于我国的经济发展有着至关重要的影响。在保证农业的总产量满足国民需求并且供求稳定的情况下，我国的经济才能有一个良好的发展环境，经济结构的优化和国家的综合发展才能有条不紊地推进。合理利用自然资源，实现农业经济的可持续发展已经成为我国现代农业发展的理念。低碳农业以减少温室气体排放为目标，综合运用各种技术手段减少碳排放、加强植物固碳。作为一种低污染、低排放、高效率、高碳汇的农业发展模式，低碳农业在全国范围内被迅速推广，自21世纪初，中央政府连续颁布十个"一号文件"，重视解决"三农"问题，近年来在农业发展过程中，化肥农药的过度施用，土地资源的严重浪费和破坏，不仅阻碍了农业生产率的提高，过量碳排放更使得温室效应加剧。

　　为积极应对气候变化，实现以低能耗、低污染、低排放为目标的低碳农业模式，我国在努力发展低碳农业的过程中不断探索，于2010年明确提出将在广东、湖北、辽宁、陕西、云南五个省份和天津、重庆、杭州、厦门、深圳、贵阳、南昌、保定八个城市开展"五省八市"首批低碳试点工作，把产业结构的调整、能源结构的优化、节能增效、增加碳汇等各项工作加以结合，提出控制温室气体排放的具体行动目标、主要任务以及各项措施，努力降低碳排放强度，探索绿色低碳农业模式推动经济发展。低碳农业是力求提高农业生产中碳汇效果，削弱农业生产中的碳排放能力，从而减少温室气体在大气中的浓度。在实现低碳的过程中，可通过三个方面进行农业循环利用：一是在能源使用的过程中，选择清洁可循环无二次排放的能源，尽量避免使用煤炭、化石能源等碳氢燃料，同时减少整个能源过程的消耗以间接提高能源的利用度。二是对农业碳化技术进行优化，比如改善土壤土质、水分条件从而提高对肥料的吸收度；采用科技型耕作手段减少能源的消耗和提高耕作效率；因地制宜地增加单位面积上耕地的农作物种植次数，拓展耕地的利用潜力进而提高农作物产量。三是加大对已排放的碳化物进行吸收和循环利用，比如将捕捉的二氧化碳充当气肥，在农作物生长的旺盛期和成熟期使用，增加植物的光合作用。

第一节　低碳农业发展的效应研究

一、立体种植的节地效应分析

立体种植，是一种充分利用立体空间的种植（养殖）方式，是指在单位面积的土地或水域中（一定范围内），进行立体种植（养殖）。在该模式中人为干预和投入，合理利用自然资源，加快物质转化，提高能量循环效率从而提高产量，建立起多物种共栖、多层次循环的立体农业模式。具体的应用模式如南方的"稻—萍—渔"、北方的"四位一体生态农业模式"。

　　立体种植模式具有如下特点：一是集约，通过采用新的技术措施提高单位面积产量来增加产品总量，综合技术、物质、劳动和资金，注重质量经营和整体综合效益。二是高效，立体种植模式强调物质循环的高效，加快物质转化过程，充分发掘水源、土地资源，充分利用光能和热量，通过人为干预，如在立体种植区域内设置层级结构、合理配置物种、搭配技术条件，提高对自然资源的利用效率。三是持续，立体种植模式中，多物种多层次的设计和投入，可以让物质循环更为合理，减少化肥农药的施用。如在稻田内养鱼、蟹，可以代替农药防治病虫害，同时鱼、蟹养殖又可以增加农民收入。改善农业环境的同时，也提高了土地或水域的生产力。四是安全，环境安全和产品安全。立体种植模式中，人为干预的因素只是帮助建立起不同物种因素之间的良性联系和循环，既提高了农业发展效率，又保护了农业环境。而该模式中的产品，完全无任何人工化学制品的参与，产品的质量安全得到保证。

　　立体种植在有限的区域内综合了技术劳动、资金等人为因素和充分发掘了水土、光热等自然资源，建立起多物种多层次的农业发展模式。在经济效应方面，增加对土地资源的充分利用，人为干预中将不同物种放在单位区域内进行种养结合，单位面积产量的增加意味着收入的增加。提高土地利用效率的同时又减少了土地占用，而且缓解了人地矛盾，提升了土地效益。现阶段的土地流转，既能进行大范围的推广达到增产的效益，又可以在集约的同时解放生产力从事其他的活动，增加收入来源。在社会效应方面，实现多物种共生循环的模式，一定的土地面积内，可以根据不同作物的不同特征，利用他们在生长过程中的时间差，科学合理地安排套种、轮种和混种，解决了农作物之间相互争地的矛盾，充分利用时间和空间保证作物的高产。农业活动空间的竖向延伸，促成的循环生态模式有利于多物种和多要素的组合配置，能够提升空间价值，保证水资源的高效利用、按需索取和农业用地的有序开发。在生态效应方面，立体种植（养殖）模仿了天然生物圈，以"稻—萍—渔"模式为例，稻田中的水生动物活动能够疏松土壤，其代谢产物又是优质有机肥，被土壤吸收提高土壤肥力。以微生物为食能够有效减少虫害草害的发生，减少农药化肥的施用。化肥农药的适度施用不仅能够保证单位面积产品产量的增加，缓解食物供需矛盾，更能够减轻土壤和水体的污染，做到环境和发展的"共赢"。

二、农业种植的节水效应分析

节水农业模式是提高用水有效性的农业，是水、土、作物资源综合开发利用的系统工程。作为农业大国，我国农业用水量一直居高不下，农业用水量占全国总用水量的 61.4%，[①] 但是水源的利用率不到 50%，大量的水在灌溉过程中蒸发。在节水农业模式中，用水的利用率和作物的生产率是重要标准，其主要包括旱地农业灌溉和节水灌溉。旱地农业灌溉是指在降水较少的地区通过工程调水、节水灌溉等农业技术保证旱地区域的灌溉。节水灌溉是节水观念的具体实践，强调合理利用水资源，综合运用各种农业技术和管理技术进行调度，从而提高农业用水效益。

---

① 中华人民共和国水利部：《2018 年中国水资源公报》。

　　节水模式包括如下几个方面：一是农艺节水，是指在农学方面的节水。主要针对当前对水资源高需求的农业结构进行适应性调整，调整作物结构，在可调节的范围内提高耐旱作物的比例，改善作物布局，将耐旱作物和需水量多的作物区分开来，引进如架豆、彩椒等高效节水作物，进行统一调度管理。改进耕作制度，调整作物熟制并发展间套作。二是管理节水，是指在农业管理方面，通过建立水资源管理使用制度和调整管理措施，调节农业用水机制，建立节水委员会，对水费和水价进行调整，实行阶梯收费，助力农业用水进一步管理和节水政策措施的推广。三是工程节水，是指灌溉工程方面的节水措施和节水灌溉技术，包括精准灌溉、微喷灌溉、滴灌、涌泉灌溉等。依托国家农田水利建设项目，偏远地区可以引进社会投资，以工代赈，搭建各种节水工程，建立高效节水灌溉模式。

　　节水模式在推行后取得较大的成效。在经济效应方面，可以扩大可灌溉的农田面积，以原计划用水量灌溉更多的土地从而达到增产的效果；另外，节水模式不仅仅强调节水，而且综合考虑了作物的生长周期和生长需求，加之对作物结构调整和作物品种的改良，水资源利用效率提高，作物生长更加合理，显著的产量增加能够为农民带来更多的收入。在生态效应上，以往的低效的大水漫灌，不只是对水资源的严重浪费，更容易造成土地盐碱化和水土流失，而水资源的低效利用，又会倒逼用水量的增加，导致地下水超采严重和大量引用河水等环境问题。而采取节水模式之后，在田间实施分道节水灌溉，有利于防止土壤次生盐碱化和渠道渗水。水资源的高效利用保证了地下水和河水总量，周边的生态得以保护，可以有效地预防水土流失。从社会效益分析，传统的地面沟灌、自流漫灌，要求对土地进行大面积的平整，农田水利基本建设的工作量很大。而节水农业模式的应用，一方面，通过运用各种节水技术能够保证大面积土地的灌溉，土地也就不需要大块平整，大大减轻了工作量；另一方面，节水技术的推广可以带动相关技术的进步，进而促进一个产业的转型升级。

三、农业观光休闲高效分析

农业观光休闲模式将某地区的自然环境与人文景观、自然景点、特色文化、农业设施等相结合，在当地政府的规划下，通过设计开发与前景规划，为来自各地的游客提供观光、休闲、娱乐、体验等需求的服务，以达到充分利用资源的目的，实现集农业观光休闲于一体的农业发展模式。

习近平总书记针对当前我国经济发展现状提出"精准扶贫"重要思想，即根据不同贫困区域环境、不同贫困农户状况，运用科学有效程序对扶贫对象实施精确识别、精确帮扶、精确管理的治贫方式。以安徽省宿州市砀山县为例，砀山县隶属于安徽省宿州市，位于安徽省最北端，地处苏、鲁、豫、皖四省七县交界处：东连本省萧县，东南部、南部、西南部、西部分别与河南省永城市、夏邑县、虞城县接壤，西北部与山东省单县毗邻，东北部与江苏省丰县毗邻。全县辖13个镇2个园区共386个行政村，总面积1193平方公里，总人口94万，可耕地127万亩，水果面积70余万亩，占全县耕地面积的55%。虽拥有四省交界的优越地理条件及世界梨都的经济背景，但仍名列全国贫困县名单中。随着政府逐渐重视推广当地旅游业和梨果业，具有最美县城之一的砀山县各大旅游景点逐渐兴起，旅游旺季时期人流量繁多，为了更好地利用砀山县旅游经济来推动当地发展进步，当地政府在保证传统农业种植的基础上，将休闲娱乐融入农业中，图 2-1 是安徽省宿州市砀山县对于当地四季梨园的开发构想。

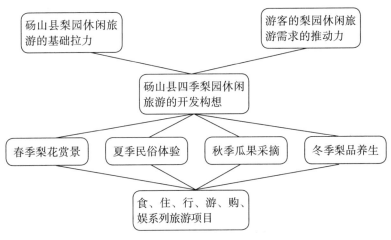

图 2-1　砀山县四季梨园的开发构想

砀山县梨园休闲旅游开发处于资源优而基础弱、前景好而路途艰的困境。与全国大多数果园型旅游区一样，淡旺季落差明显，随着我国旅游休闲的兴盛，大批国民的休闲需求为砀山县梨园休闲旅游的常年发展提供了契机，将休闲旅游现有基础和休闲需求相结合，针对不同季节展开食、住、行、游、购、娱系列旅游项目，实现农业资源的充分利用，带动经济的增长。

第二节　我国低碳农业的典型模式分析

当前，我国已经开始在低碳农业发展模式上开展实践，注重发展具有经济效益、社会效益和生态效益的农业生产方式。随着实践的不断深入，新的低碳农业模式也在逐渐形成，具有"高产出、低投入、低消耗、低污染"的特征。2002 年，农业部向全国征集到了 370 种生态农业模式或技术体系，其中具有代表性的十大类型生态模式分别是：北方"四位一体"生态模式、南方"猪—沼—果"生态模式、平原农林牧复合生态模式、草地生态恢复与持续利用生态模式、生态种植模式、生态畜牧业生产模式、生态渔业模式、丘陵山区小流域综合治理模式、设施生态农业模式、观光生态农业模式等。

一、北方"四位一体"生态模式或技术体系

北方的"四位一体"生态农业模式是以太阳能为动力，沼气为纽带，将种植业和养殖业结合，利用物质能量转换技术，将沼气池、日光温室、牲畜圈和农户厕所组合在一起，在全封闭状态下形成一个良性循环的能源生态系统。在这种生态农业模式中，其功能主要是发酵物在整个系统中的循环和综合利用。"四位一体"模式各主要组成部分的功用是以沼气池作为连接种植、养殖、生产及生活的纽带核心，将人畜粪便送入沼气池发酵。人畜粪便的综合利用是生态农业模式的重要内容和环节，这种方法不仅充分利用了剩余能源和资源，更使得生活燃料、养殖所需的饲料和种植所需的肥料都得以解决。这种能源、物流循环较快的农村能源生态系统工程，是一项促进农村经济发展，提高人民生活质量的重要技术措施，改善生产环境的可持续发展理念在生态农业模式中得到显著地体现和运用。具体运转模式如图 2-2 所示。

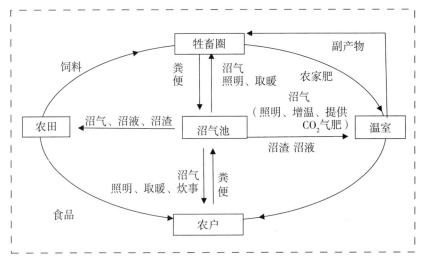

图 2-2　北方"四位一体"生态模式或技术体系

在"四位一体"生态农业模式中，沼气可用于农家炊事和照明，产生的沼气通过气线输送到厨房可以用来烧火做饭。而沼气燃烧产生的热量和大量的二氧化碳，可用于温室作物的生长，燃烧 1 立方米的沼气可释放 20920 千焦的热量和产生 0.975 立方米的二氧化碳，在温室内点燃沼气炉既可以提高温室内的温度，又能够提供二氧化碳，保证温室内作物的生长和品质的改善。此外，沼气还可用于供热，使用沼气代替煤炭作为升温燃料为水稻育秧，点燃沼气灯提供热量孵化鸡蛋和养蚕。同时，沼气同样可用作储藏和保鲜，为水果蔬菜提供低氧环境，从而达到保鲜的目的。沼液和沼渣从出料口输送至温室内用作肥料。沼液中含有丰富的氮、磷、钾和微量元素，对调控作物生长发育、防治病虫害具有显著效果。沼渣是由未分解的原料固形物、新产生的微生物菌体组成的，沼渣含有丰富的有机质、腐殖酸、全氮、全磷、全钾，营养成分丰富，易被农作物吸收利用。沼肥的使用不仅能够显著提高蔬菜产量，改善品质，更能够改善土壤，增加孔隙度，降低容重，促进土壤利用的可持续发展。

二、南方"猪—沼—果"生态模式

"猪—沼—果"生态模式是 21 世纪初农业部提出的建设生态家园的经典模式之一，南方"猪—沼—果"生态模式是以提高土地利用率、产出率及自然资源良性循环利用为目的，按照生态经济学原理，应用系统工程的方法建立起的以沼气为纽带，把养殖业、种植业等有机地联系在一起的农业生态体系。南方"猪—沼—果"生态模式的布局是把畜禽舍及沼气池建造在果园制高点且尽量靠近纵向中心线，地上建舍，舍下建造沼气装置，以实施自压排放沼液浇灌果树，如图 2-3 所示。

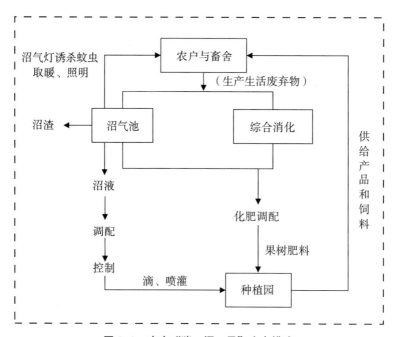

图 2-3 南方"猪—沼—果"生态模式

　　该生态模式是以户为基本单元，广泛开展沼气综合利用，具体来说，就是利用人畜粪便和农村秸秆等废弃物下沼气池发酵，产生沼气，给农户和畜舍供给沼气取暖和照明，解决生活用能问题。沼气发酵后的沼液和沼渣可用作沼肥以灌溉种植园，用以改良土壤环境，提高产量，改善品质。该模式的本质是强化原生态微生物的还原功能，使农业各产业之间、农业与生态环境之间的循环联系更加密切，在能量循环、物质循环、废物利用和土壤改良几个方面加以促进。沼液沼渣作为肥料培育果树，含有大量矿物质和全面丰富的营养，能够促进果树和作物产量的提高，增加经济收入。同时，沼肥代替化肥农药培入农田，既无公害，又能节省化肥农药的成本。而在饲料内添加沼液喂养的生猪生长周期短，增重快，出栏快，沼气灯诱杀蚊虫，能够保证猪场清洁和生猪的健康，提高生产力。"猪—沼—果"生态模式，循环利用了人畜粪便，将其作为基础的生活能源和生产饲料肥料，减少了化肥农药的施用，保护了土壤和生态，强调保护环境和经济效果的可持续发展；巧妙地利用了废弃物，运用技术手段获得沼气用于生活用电用火，减少了化石能源的消耗及其对环境造成的污染。

三、平原农林牧复合生态模式

　　农林牧复合生态模式是指借助接口技术或资源，利用在时空上的互补性所形成的两个或两个以上产业或组合的复合生态模式。所谓接口技术是指联结不同产业或不同组合之间物质循环与能量转换的连接技术，如种植业为养殖业提供饲料饲草，养殖业为种植业提供有机肥，其中利用秸秆转化饲料技术、利用粪便发酵沼气和有机肥生产技术均属接口技术，是平原农林牧业持续发展的关键技术。

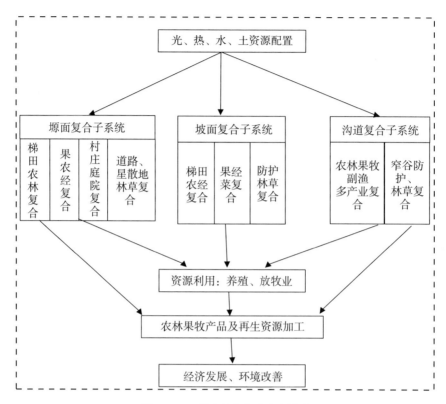

图 2-4　平原农林牧复合生态模式

　　通过农林牧复合系统的建立，搭建起粮食作物、经济作物、饲料饲草作物的三元循环结构发展模式，包括立体种植技术、间作技术、节水技术、平衡施肥技术等在内，农林牧复合生态系统将耕地、林地、草地、水体紧密联系在一起，并利用三者的优势发展农牧果渔业。在农林牧复合生态系统中，强调严格规划，在利用沟渠、道路进行网格化农田林网建设之后，能够保证平原种植业的生产不受大范围自然灾害的威胁，从而保证粮食作物产量。防护林建立后，固定水土使得草地生长得以保障，促进牧业的发展。片林建设的树木一般以杨树为主，成材时间快、生产周期短，从而保证林业的高产。立体种植技术的应用可以在果林和树林中，搭配种植经济作物、蔬菜甚至药材，提升种植业的综合效益。当防护林网建设起来后，搭配节水灌溉技术能够涵养水土，防止水土流失和土地盐碱化。规模养殖场的牲畜粪便可以生产有机肥，用于粮食作物的种植，同时能够提升土壤肥力，减少化学农药的施用。多物种的有机配置，在加快物质循环和转化的时候，也丰富了生态系统内的物种多样性，更好推进低碳农业的发展。

第三节　阻碍我国低碳农业发展的因素分析

当前世界低碳农业发展面临的主要问题就是南北发展不平衡，发展中国家的低碳农业正处于开发的初始阶段，我国重点推广农业固碳技术，减少化肥和高碳能源的使用，重建农林湿地系统，发展生态农业循环经济模式，虽然取得一定的进步，但是仍存在着制约低碳农业进一步发展的问题。

一、传统的化学农业生产模式

农药的过度施用和地力透支使我国低碳农业发展面临严峻的挑战。我国粮食产量占世界的16%，化肥用量占世界的31%，每公顷用量是世界平均用量的四倍，而如此过量化肥施用，有效利用率不足30%。[①] 多种化肥农药的长期施用严重影响了土壤的营养平衡，不仅降低了土壤肥力，导致"长期使用化肥—土壤板结—加大化肥使用

---

① 《我国化肥农药的作用量触目惊心，土壤贡献率比40年前下降10%》，《经济日报》2017年7月19日。

量"的恶性循环，还造成了严重的粮食作物农药残留，我国土地的"重病"亟待解决。当前我国的土地使用状况为"索取—注射'营养'—继续索取"，土壤质量日趋恶化，农业生产中土壤的贡献率比四十年前下降了10%，地力的严重透支导致我国土地"过劳"。农业生产的方式短时间内难以改变，化肥农药的大量施用增加了农业投入成本，也污染了环境，但是为了保证粮食产量和国家粮食安全，化肥农药的施用又会继续增加，作为农业碳排放主要源头的化肥和农膜依然在农业生产中占据重要地位，传统的农业生产模式严重制约低碳农业的发展。

二、低碳农业技术水平落后

低碳农业作为低碳经济的重要组成部分，同样需求技术创新支持。我国农业发展过程中不乏为之投入心血研究的科学工作者专注于作物良种的培育，农产品的优良品种覆盖率达到了95%以上。但不可否认的是，我国的农业技术创新水平不高，农业技术创新严重缺乏，这也为低碳农业的发展带来了很大的困难。一方面，农业科技人员总量较少，每一万农村人口中仅有四名农科人员，农业科技和先进农业种植知识难以得到推广传播；另一方面，发达国家农业科技进步贡献率能达到80%以上，而我国仅为52%，我国农产品加工转化率仅为30%—40%，发达国家则可以达到80%以上。财政对农业科技的投资仅占农业GDP的0.25%，直接影响就是我国低碳农业技术的落后，因而导致了传统农业模式的根深蒂固，环境污染、大量温室气体排放等问题接踵而至。

三、生态恶化，自然资源不足

我国耕地面积排世界第三位，仅次于美国和印度，据国土资源部的数据显示，截至 2018 年，我国耕地面积 13490 万公顷，林地面积 25280 万公顷，草地面积 21930 万公顷。但是因为人口众多，人均耕地面积仅为 1.45 亩，不足世界平均水平的 40%，人均林地和人均草地面积分别为世界平均水平的 28.6% 和 40.3%，农业发展粮食供给压力大和自然资源不足的矛盾凸显。而且很长一段时期内，过度追求经济发展的高速度，对自然环境破坏严重，引发了水土流失和土地沙化等一系列危及土地资源的环境问题，草地林地面积不断萎缩，危机态势进一步加剧，发展低碳农业的动力和资源不足，压力过大。

四、农业从业人员素质不高

当前，农业技术创新的势头向好，相应的农业技术、优良品种、先进的农机农具、新兴种植方法已经开始推广。我国农民基数较大，由于农村教育教学水平有限，农村劳动力素质普遍不高，截至 2017 年，平均受教育年限只有 9.02 年，[①] 而发达国家的农村劳动力素质为 12 年。另外，受小农经济思想的长期影响，导致农民的思想观念落后，在农村推行新产业模式、新兴种植方法存在困难，绝大部分农民面对前期较高的投资成本，往往固守现有的生产劳作模式，对于新技术、新知识抱有抵触情绪。因而农业生产中新技术资源的应用很不广泛，即便有专业人员的指导，低碳农业的发展也难以推进。

---

① 《中国劳动力动态调查：2017 年报告》。

　　低碳农业发展具有节水节地等低投入高效益特征，是农业高质量发展和可持续发展的重要途径。低碳农业典型模式代表有北方"四位一体"生态模式、南方"猪—沼—果"生态模式、平原农林牧复合生态模式。但是从农业生产投入现状来看，依然存在化肥、农药、农膜过量投入、畜禽养殖污染、农业生产和生活垃圾废弃物污染等农业面源污染，对低碳农业发展造成明显影响。分析具体影响因素来看，主要有传统的化肥农业生产模式、低碳农业技术水平相对落后、生态恶化和自然资源不足以及农业从业人员素质不高等障碍因素。

第三章　我国低碳农业生产现状的微观调查与分析

第一节　调查区域与样本

一、调查区域及样本选择

秦岭—淮河线作为中国重要的地理分界线，把我国分为南北两个地区，两地区的气候、河流、地形等自然条件存在较大差异。例如，气候方面，以秦岭—淮河为界，以北以温热带气候为主，以南则是以亚热带气候为主；南方河流的流量相对北方较多，而河流的含沙量北方则高于南方；地形方面，南方多为丘陵地区，而北方以平原为主；耕地类型方面，北方多为旱地，南方多为水田。因诸多自然条件的差异使得两地区的农作物类型及熟制大不相同。

表 3-1　我国南北方差异

类型	气候	河流	地形	耕地	粮食作物	油料作物	作物熟制
北方	温热带	流量较小、含沙量多	平原、高原	旱地	小麦	花生、大豆	两年三熟
南方	亚热带	流量较大、含沙量少	丘陵	水田	水稻	油菜	一年一熟

因此，本次调查区域选取了以秦岭—淮河线为地界的南北方中的三个农业大省，分别是河南、山东、湖北。主要针对农户的低碳意识及行为进行调查和分析。

二、调查样本基本特征分析

本次所用数据来源于 2017 年课题组对河南、山东、湖北三省农户所做的问卷整理。本次调查有效问卷 830 份，调查内容主要包括农户家庭情况、农户耕地情况、农户生产活动行为及农村基本情况等。

表 3-2 统计了 830 户家庭户主的基本特征。汇总统计结果显示如下：湖北、河南、山东的户主均以男性为主，其中河南男性户主的比例高达 80.49%，而湖北、山东两地的男性户主比例均超过 70%；同时三省户主年龄较大，湖北、山东两地 40 岁以上的户主比例 80%，河南省 40 岁以上的户主占比 79.68%，主要集中在 41—50 岁之间；户主的务农年限均较长；在户主的文化程度方面，山东户主的文化程度偏高，文化程度在小学及以下的户主低于湖北（30.15%）、河南（30.89%）两省，占比 21.02%，但文化程度在大学本科及以上的户主仅占比 1.14%，亦低于湖北、河南两省；三省接受调查的户主大部分都没有担任干部的经历和具备某项技能。

表 3-2　户主基本特征描述

户主特征	类别	湖北省		河南省		山东省	
		人数	比例	人数	比例	人数	比例
性别	男	312	76.47%	198	80.49%	124	70.45%
	女	96	23.53%	48	19.51%	52	29.55%

续表

户主特征	类别	湖北省		河南省		山东省	
		人数	比例	人数	比例	人数	比例
年龄	31岁以下	11	2.70%	17	6.91%	4	2.27%
	[31—40）岁	29	7.11%	33	13.41%	13	7.39%
	[41—50）岁	168	41.18%	108	43.90%	88	50.00%
	[51—60）岁	111	27.21%	51	20.73%	52	29.55%
	61岁及以上	89	21.81%	37	15.04%	19	10.80%
务农年限	11年以下	67	16.42%	32	13.01%	19	10.80%
	[11—20）年	99	24.26%	48	19.51%	40	22.73%
	[21—30）年	125	30.64%	92	37.40%	74	42.05%
	31年及以上	117	28.68%	74	30.08%	43	24.43%
文化程度	小学及以下	123	30.15%	76	30.89%	37	21.02%
	初中	159	38.97%	108	43.90%	86	48.86%
	高中或中专	95	23.28%	43	17.48%	39	22.16%
	大专	23	5.64%	13	5.28%	12	6.82%
	大学本科及以上	8	1.96%	6	2.44%	2	1.14%
是否具有担任干部经历	是	80	19.61%	51	20.73%	25	14.20%
	否	328	80.39%	195	79.27%	151	85.80%
是否具备某项专业技能	是	127	31.13%	65	26.42%	52	29.55%
	否	281	68.87%	181	73.58%	124	70.45%

表3-3描述了样本农户家庭基本特征。统计结果显示如下：户均家庭收入方面，整体来看，湖北各等级户均家庭收入的农户占比较为均衡，河南、山东两地的户均家庭收入在3万元以下的家庭接近50%，但河南仅有6.10%的农户家庭收入达到8万元以上；户均土地情况方面，河南的户均土地3亩以下户数最少，仅有28.86%，且8亩以上农户占比最高，有14.41%，山东这一比例仅为1.96%。

表 3-3　农户家庭基本特征

家庭特征	类别	湖北省		河南省		山东省	
		户数	比例	户数	比例	户数	比例
户均家庭 收入情况	30000 元以下	148	36.27%	116	47.15%	86	48.86%
	[30001—50000）元	104	25.49%	64	26.02%	35	19.89%
	[50001—80000）元	92	22.55%	51	20.73%	28	15.91%
	80000 元及以上	64	15.69%	15	6.10%	27	15.34%
户均土地 情况	3 亩以下	169	41.42%	71	28.86%	55	31.37%
	[3—5）亩	104	25.49%	67	27.24%	62	35.29%
	[5—8）亩	90	22.06%	75	30.49%	55	31.37%
	8 亩及以上	45	11.03%	33	14.41%	3	1.96%

第二节　农户农业生产碳行为现状分析

一、农户对低碳农业的认知现状分析

根据统计结果显示，山东、河南、湖北三省样本农户对低碳农业的知晓情况如下：从未听说过"低碳农业或低碳经济"的农户占48.31%；在听说过的 429 位农户中，有 39.76% 的农户只听说过但对这一理念并不了解，有 54.72% 的农户对这一理念一般了解，比较了解的农户仅有 5.51%。

知晓低碳农业的农户中，28.35% 的农户认为没必要大力发展，而有少部分的农户（16.14%）对是否大力发展低碳农业或低碳经济持无所谓的态度，有 55.51% 的农户认为应该大力发展低碳农业或低碳经济，并且普遍认为政府应该作为推动低碳农业发展的第一动力，而农民在发展低碳农业的过程中起到辅助作用。这一现象也说明了农户对于自身在低碳农业发展中的定位出现了偏差。

二、农户对农业基础设施评价分析

农户对周边基础设施的评价分析是以对河流、水库、生活饮用水、集市、废弃物处理设施五个方面的满意程度来度量，农户对周边基础设施的评价程度对农户从事农业生产活动的积极性有一定的影响，同时也可反映出基础设施存在的不足。

农户对河流满意程度的调查结果显示，各地区农户的满意程度基本相同，大部分农户对河流情况较满意或一般，但仍有超过20%的受访农户表示对周边河流情况不满意。

在农户对水库满意程度调查中，各地区整体情况基本一致，对水库表示满意的农户有60%左右；但对水库情况不满意的调查结果显示，湖北、山东两地仅有14%左右的受访农户表示不满意，而河南有近20%的农户表示不满意。

在生活饮用水方面，各地区受访农户的满意程度有所差异。湖北受访农户对饮用水的满意程度最低，仅有56.72%的农户表示对生活饮用水的情况满意，17.16%的农户表示一般，26.12%的农户对饮用水情况表示不满意；河南的受访农户中，表示对饮用水满意的有65.47%，不满意的仅有10.72%；山东的176户农户对生活饮用水的满意度最高，有72.73%的农户表示对目前生活饮用水的情况满意，仅有8.39%的农户表示对现有饮用水情况不满意。

周边集市情况的满意程度调查结果与生活饮用水满意程度的结果相近。其中湖北受访农户的满意程度最低，仅有51.18%的农户对周边集市的情况表示满意；而山东受访农户的满意程度最高，为

77.24%，且表示不满意的农户仅有 4.14%。

在对废弃物处理设施满意程度的调查结果进行分析后发现，各地区的满意程度差异较大。湖北受访的 409 户农户中，仅有 12.13% 的农户对周边的废弃物处理设施表示满意，5.62% 的农户表示一般；河南、山东的受访农户中，表示满意的分别有 51.88%、61.16%，表示一般的分别有 21.80%、24.79%；但对这一基础设施表示不满意的湖北受访农户高达 82.25%，而河南、山东两地的这一比例仅有 26.32% 和 14.05%。

根据对受访农户的基础设施满意程度的结果分析可见，地区受访农户对周边基础设施的评价略有不同，其中，湖北受访农户对周边基础设施的满意度最低，山东农户的满意度最高。这一现象可能是由于不同地区的农户对基础设施的要求和期望程度略有不同所致，但根据这一结果可知，农村基础设施的短缺和不完善对农户的生活、生产行为均有影响。

表 3-4　农户对基础设施的满意程度

基础设施		满意程度			样本数	总比例
类型	评价	湖北	河南	山东		
河流	满意	46.74%	48.31%	49.65%	397	47.82%
	一般	32.25%	28.09%	30.07%	254	30.55%
	不满意	21.01%	23.60%	20.28%	179	21.62%
水库	满意	64.31%	60.45%	57.20%	512	61.70%
	一般	21.59%	19.77%	27.78%	186	22.36%
	不满意	14.10%	19.78%	14.82%	132	15.94%
生活饮用水	满意	56.72%	65.47%	72.73%	520	62.71%
	一般	17.16%	23.81%	18.88%	162	19.50%
	不满意	26.12%	10.72%	8.39%	148	17.80%

基础设施		满意程度			样本数	总比例
类型	评价	湖北	河南	山东		
周边集市	满意	51.18%	57.48%	77.24%	486	58.57%
	一般	35.80%	21.65%	18.62%	232	27.96%
	不满意	13.02%	20.87%	4.14%	112	13.46%
废弃物处理设施	满意	12.13%	51.88%	61.16%	285	34.31%
	一般	5.62%	21.80%	24.79%	120	14.48%
	不满意	82.25%	26.32%	14.05%	425	51.21%

三、农户对资源环境的认知情况分析

针对农户对资源环境的认知情况的调查以土地、水资源充足情况和耕地、河流污染情况为度量的标准。

在"您认为所在村的土地充足吗？"的问题中，大部分农户表示现有的土地是比较充足的，能够满足日常的生产行为，但仍然有超过20%的农户认为土地的充足程度不够，尤其是河南受访农户中，有26.61%的农户对土地的充足程度表示不满意。

在"您认为所在村的水资源充足吗？"的问题中，河南受访农户中近四分之三的农户对现有水资源情况表示肯定，其中只有25.91%的农户表示水资源充足，但仍有11.74%的农户表示现有水资源并不能满足自己的生产行为；湖北有47.16%的农户对水资源的充足情况表示满意，但有13.03%的农户表示不满意；山东的176户农户中，认为水资源紧张的农户有28.06%，并且认为充足的占比33.81%，仅比认为紧张的农户高出5.75%。这说明，水资源情况与当地地形有很大关系，例如湖北的受访地区属于平原地区，农村可利用和方便度较高的水资源相比河南、山东有很大优势。

在"您认为所在村耕地污染严重吗？"的问题中，虽然大部分农户认为周边的耕地有受到污染，但各地区实际情况差异较大。例如，湖北受访农户中，认为耕地污染十分严重的仅有3.42%，认为没有污染的农户占比高达20.80%；但这两个比例在河南、山东两地分别为6.91%、3.66%和7.91%、7.19%。

在"您认为村庄河道受到污染程度如何？"的问题中，各地区的调查结果有共性的同时还有差异性。首先，三省的共性是极大部分受访农户均表示河道受到了污染；其次，三省的差异性是湖北的409户农户，仅有6.31%的农户表示周边的河道受到的污染十分严重，而河南、山东两地这一比例高达15.32%和12.41%；认为较严重的农户中，湖北、河南、山东占比分别是26.13%、32.26%、28.47%；认为一般的农户分别是25.53%、30.24%、29.93%；认为轻微的农户占比分别为19.22%、16.53%、22.63%；而认为周边河道没有受到污染的受访农户中，湖北占比22.82%、河南占比5.65%、山东占比6.57%。河道的环境情况与农户的农业生产行为息息相关，因此，应重视河道的卫生环境。

根据上述分析，各地区对农户的资源环境并没有表现出积极肯定的态度，但湖北地区的资源充足程度和卫生环境两个方面的情况，均比河南、山东两地的情况好。

表3-5　农户对资源环境的评价

资源环境		地区			样本数	总比例
类型	程度	湖北	河南	山东		
土地充足程度	紧张	20.51%	26.61%	23.84%	191	23.00%
	一般	46.15%	48.79%	52.98%	401	48.31%
	充足	33.33%	24.60%	23.18%	238	28.71%

资源环境		地区			样本数	总比例
类型	程度	湖北	河南	山东		
水资源充足程度	紧张	13.03%	11.74%	28.06%	131	15.78%
	一般	40.06%	62.35%	38.13%	383	46.14%
	充足	47.16%	25.91%	33.81%	316	38.07%
耕地污染程度	十分严重	3.42%	6.91%	7.91%	45	5.42%
	较严重	17.95%	22.36%	24.46%	171	20.64%
	一般	32.48%	41.46%	35.25%	297	35.75%
	轻微	25.36%	25.61%	25.18%	210	25.29%
	没有	20.80%	3.66%	7.19%	107	12.89%
河道污染程度	十分严重	6.31%	15.32%	12.41%	86	10.33%
	较严重	26.13%	32.26%	28.47%	236	28.40%
	一般	25.53%	30.24%	29.93%	230	27.75%
	轻微	19.22%	16.53%	22.63%	159	19.15%
	没有	22.82%	5.65%	6.57%	119	14.37%

四、农户对垃圾的处理方式分析

农户对垃圾的处理方式对生活和生产环境都有极大影响，因此本书从农户对生活垃圾、生活废水、畜禽粪便和秸秆处理的方式进行调查分析，结果如下（具体情况如表3-6所示）：

在农户对生活垃圾的处理方法中，湖北受访农户有19.92%表示将生活垃圾随意丢弃，41.43%的农户表示会将垃圾送到垃圾收集点，3.98%的农户将生活垃圾进行填埋，26.69%的农户选择焚烧垃圾，6.77%的农户会将能够卖掉的垃圾进行分类后选择卖到废品站，剩余1.20%的农户选择其他的处理方式；河南246户农户中，有12.92%的农户会将生活垃圾随意丢弃，44.28%的农户会将垃圾送到垃圾收集点，而选择填埋的农户也有 13.28%，将垃圾进行焚烧的有 11.44%，卖到废品站的有 14.76%，余下 3.32 的农户选择其他的方式对垃圾进行处理；山东受访农户在处理生活垃圾的方式上集中选择将垃圾送到垃圾收集点，这一比例高达 81.63%，随意丢弃的有 8.16%，填埋、焚烧、卖到废品站的分别占比 2.72%、1.36%、6.12%。

根据上述分析可见，山东受访农户对垃圾处理的方式最具合理性，这可能是与周边环境有关系，为了周边资源和环境的好转。

表 3-6　农户对垃圾的处理方式

垃圾类型	处理方式	湖北	河南	山东	样本数	总比例
生活垃圾	随意丢弃	19.92%	12.92%	8.16%	127	15.30%
	送到垃圾收集点	41.43%	44.28%	81.63%	422	50.84%
	填埋	3.98%	13.28%	2.72%	54	6.51%
	焚烧	26.69%	11.44%	1.36%	139	16.75%
	卖到废品站	6.77%	14.76%	6.12%	75	9.04%
	其他	1.20%	3.32%	0	13	1.57%
生活废水	直接排放	62.56%	50.21%	37.78%	445	53.61%
	下水道排放	34.80%	46.78%	60.00%	363	43.73%
	其他	2.64%	3.00%	2.22%	22	2.65%
畜禽粪便	露天排放或排入河道	12.69%	23.98%	16.95%	141	16.99%
	还田	58.96%	54.97%	69.49%	498	60.00%
	放入沼气池	22.39%	15.79%	3.39%	136	16.39%
	卖掉	2.99%	0	5.08%	21	2.53%
	其他	2.99%	5.26%	5.08%	34	4.10%
秸秆	做饭	8.12%	26.99%	29.86%	152	18.31%
	焚烧抛弃	8.12%	8.90%	4.17%	62	7.47%
	生产沼气	4.06%	6.13%	5.56%	42	5.06%

垃圾类型	处理方式	湖北	河南	山东	样本数	总比例
	直接抛弃	5.58%	9.82%	6.25%	58	6.99%
	直接还田	31.47%	27.91%	43.75%	275	33.13%
秸秆	焚烧还田	30.96%	13.50%	5.56%	169	20.36%
	做饲料	8.63%	4.29%	3.47%	52	6.27%
	其他	3.05%	2.45%	1.39%	20	2.41%

五、农户农业生产碳行为方式现状

表3-7是对三省农户的农药使用情况的统计，其中严格按照说明书标准操作的农户占66.87%，增加用量使用的农户占23.98%，增加用量都在60%以下，其中增加用量为0—20%的农户最多，占15.06%；增加20%—40%的农户占5.06%；增加用量在40%—60%的农户占3.86%。

表3-7　农户农药使用情况

	严格按照说明书操作	增加用量				减少用量	合计
		[0—20%)	[20%—40%)	[40%—60%)	60%以上		
数量（户）	555	125	42	32	0	78	832
比例（%）	66.87	15.06	5.06	3.86	0	9.40	100

表3-8是对三省农户化肥使用情况的统计，其中严格按照说明书标准使用化肥的农户占样本农户的55.30%，增量使用的比例为20.84%，且增量都在60%以下。其中有13.61%的农户在使用化肥时选择增量0—20%，4.70%的农户选择增量20%—40%，2.53%的农户选择增量在40%—60%。

表 3-8　农户化肥使用情况

	严格按照说明书操作	增加用量				减少用量	合计
		[0—20%)	[20%—40%)	[40%—60%)	60% 及以上		
数量（户）	459	113	39	21	0	198	830
比例（%）	55.30	13.61	4.70	2.53	0	23.86	100

由于农膜在农业生产过程中起到保温保湿、促进作物幼苗快速增长的作用的同时，还能抑制杂草的生长。自 20 世纪 70 年代以来，农膜被广泛地应用到我国的农业生产中，尤其是近年来，大棚蔬菜面积的增多更是增大了农膜用量，农膜作为一种难降解的塑料制品，其处理不善将会导致土壤结构遭到破坏，抑制农作物生长，同时还会影响农机的使用等。农膜残留所带来的问题日益凸显，农膜的处理也越发重要。目前为了降低农膜残留的危害，普遍的做法是重复利用、集中回收等。通过对三省样本农户调查结果的整理发现，有 29.64% 的农户选择重复使用农膜，22.77% 的农户将使用过的农膜卖给废品收购站集中处理，有 5.30% 的农户选择其他处理方式，主要是以选购低于 0.012 毫米农膜的低碳方式；但还是有部分农户选择就地扔掉（17.59%）、焚烧（20.12%）和深埋（5.30%）的方式对使用过的农膜进行处理，这不仅会使土壤质量下降，还会对空气造成污染。

表 3-9　农户的农膜处理方式

指标	非低碳行为			低碳行为		其他	合计
	就地扔掉	焚烧	深埋	继续使用	卖给废品收购站		
数量（户）	146	167	44	246	189	44	830
比例（%）	17.59	20.12	5.30	29.64	22.77	5.30	100

第三节　农户农业生产碳行为方式影响因素研究

一、理论分析

农户在选择其生产行为时，会受到诸多因素的影响。根据陈昌洪（2013）研究表明，农户的收入水平、是否参加过相关培训等因素对其是否采用低碳标准化的耕作行为有显著影响；李红梅等（2007）通过对四川省广汉市的实地研究调查结果表明，农户施用化肥的意愿，不仅受到农户个人特征、对农药的认知的影响，还受到已存在的多种因素影响；毛飞等（2011）通过实地调研得出结论，户主文化程度、农药认知水平、家庭收入等因素对种植户选配农药行为有正向影响，但户主年龄对其有负向影响；周玉新（2014）通过对环保型农业生产行为研究结果表明，资金、技术、信息获取程度、政府政策、环保意识等因素影响农户的行为。王常伟等（2012）研究表明环境认知与决策并无决定性关系，土地面积、受教育程度、年龄、性别和收入等变量对其行为决策有差异性影响。因此，本书将结合已有理论基础、前者的相关研究和农户自身的特点，选用以下几个方面作为自变量进行分析。

1.户主个人特征。户主的个人特征主要包括年龄、性别、受教育程度、是否担任干部以及是否具有某项技能等。一般情况下，农户的年龄越大，其接受和学习新事物的能力和积极性越小，同时随着年龄的增大，农户更愿意保留传统的耕作方式；男性接受新鲜事物以及冒险的精神和能力都比女性强；户主的受教育程度越高，其选择低碳生产行为的可能性越大；有干部经历的户主比没有干部经历的户主更偏向于选择低碳的耕作行为；拥有某项技能的户主更容易偏向选择低碳的生产方式。

2.家庭特征。理论上，耕地面积大的家庭选择低碳生产行为的可能性高于耕地面积小的家庭；家庭收入越高，实施低碳生产模式的可能性越大。

3.专业知识获取特征。正常来说，农户对低碳农业越了解，其对农药、化肥和农膜的害处则更了解，出于负责任的心理，农户往往会选择低碳的生产行为；参加过相关讲座或培训的农户，会比没有参加过的农户接触更多的科学耕作知识，能够通过耕作技术的掌握来弥补投入减少的短板；安装有线电视或网络的农户，在接触和了解农业咨询方面比没有安装的农户具有及时性和深入性。

二、模型设定

Logistic 回归模型作为一种广义的线性模型，在实证研究中，用得最为广泛的是二分类 Logistic 模型（取值为 0 或者 1）。本书将设定三个模型，农户的种植行为分为低碳行为和高碳行为。模型Ⅰ和模型Ⅱ分别为农户农药和化肥施用上的农业低碳行为模型，模型Ⅲ为农户在农膜处理方式上的农业低碳行为模型。同时，本书将农户的农业低碳生产行为设定为二分类的因变量，因此，研究将选用二分类 Logistic 模型对影响三省区农户碳行为的因素分别进行实证分析。模型具体如下：

用 p 代表农户在农业生产低碳行为方式的概率，则有：

$$p = \frac{e^{f(x)}}{1 + e^{f(x)}} \tag{3-1}$$

$$1 - p = \frac{1}{1 + e^{f(x)}} \tag{3-2}$$

由此可以得到农户在农药、化肥使用行为和废弃农膜处理方式上选择低碳行为方式的概率：

$$\frac{p}{1-p}=e^{f(x)} \tag{3-3}$$

将式（3-3）转化为线性方程式，得：

$$y=\ln\left(\frac{p}{1-p}\right)=\beta_0+\beta_1 x_1+\beta_2 x_2+\cdots+\beta_{11}x_{11}+\mu \tag{3-4}$$

式（3-4）中，β_0 表示回归截距；x_1，x_2，$\cdots$，x_{11} 是上文提到的有关自变量；β_1，β_2，$\cdots$，β_{11} 是相应自变量的回归系数；μ 表示随机干扰项。

三、模型结果与分析

运用 SPSS 19.0 统计软件的多重共线性诊断法对选取的 11 个自变量进行相关性检验。具体步骤如下：首先，将年龄设定为因变量，其他变量为自变量，运用 Enter 法对其进行回归分析，然后依次将性别、文化程度、是否担任干部、是否具备某项专业技能等 10 个变量按照上述过程进行多重共线性检验。在所有均通过多重共线性检验后，再对数据进行相关性分析。

（一）湖北省数据分析

1. 湖北省相关数据描述

基于对调查数据的整理，所选取变量的描述性统计分析结果见表 3-10。

表 3-10　变量的含义和描述性统计分析结果

变量		含义及赋值	均值	标准差	预期影响
因变量	农户在农药使用上是否具有农业低碳生产行为	高于标准施用 =0；按标准或低于标准施用 =1	0.772	0.420	—
	农户在化肥使用上是否具有农业低碳生产行为	高于标准施用 =0；按标准或低于标准施用 =1	0.762	0.426	—

续表

	变量	含义及赋值	均值	标准差	预期影响
因变量	农户在农膜处理方式上是否具有农业低碳生产行为	就地扔掉、焚烧、深埋 =0；继续使用、卖给废品收购站、其他 =1	0.647	0.478	—
户主个人特征	年龄（x_1）	户主实际周岁（岁）	51.794	10.619	负向
	性别（x_2）	女 =0；男 =1	0.765	0.4225	正向
	文化程度（x_3）	小学及以下 =0；初中 =1；高中 =2；大专 =3；大学本科及以上 =4	1.103	0.963	正向
	是否担任干部（x_4）	否 =0；是 =1	0.199	0.406	正向
	是否具备某项专业技能（x_5）	否 =0；是 =1	0.311	1.735	不确定
家庭特征	耕地面积（x_6）	家庭实际经营的耕地面积	4.758	3.134	正向
	家庭年收入（x_7）	家庭实际总收入（万元）	5.183	4.129	不确定
专业知识获取特征	低碳农业知晓情况（x_8）	否 =0；是 =1	0.571	0.496	正向
	参加相关培训情况（x_9）	否 =0；是 =1	0.386	0.502	正向
	是否拥有电视（x_{10}）	否 =0；是 =1	0.809	0.394	正向
	是否拥有网络（x_{11}）	否 =0；是 =1	0.615	0.487	正向

2. 湖北省相关数据模型分析

综合所有自变量的多重共线性诊断结果看，容差（Tolerance）最小值为 0.711，方差膨胀因子（VIF）最大值为 1.407，即可认为自变量之间不存在多重共线性。

表 3–11　湖北省二分类 Logistic 回归结果

变量		农药使用行为（模型Ⅰ）		化肥使用行为（模型Ⅱ）		农膜处理方式（模型Ⅲ）	
		系数（B）	标准误（S.E）	系数（B）	标准误（S.E）	系数（B）	标准误（S.E）
户主个人特征	年龄	−0.039***	0.015	−0.063***	0.014	0.027**	0.012
	性别	−1.268***	0.408	0.579*	0.304	−0.590**	0.288
	文化程度	0.0339*	0.185	0.081	0.169	0.154	0.139

变量		农药使用行为（模型Ⅰ）		化肥使用行为（模型Ⅱ）		农膜处理方式（模型Ⅲ）	
		系数（B）	标准误（S.E）	系数（B）	标准误（S.E）	系数（B）	标准误（S.E）
户主个人特征	是否担任干部	1.415**	0.566	−0.486	0.340	0.282	0.314
	是否具备某项专业技能	0.685*	0.352	0.699**	0.338	0.274	0.258
家庭特征	耕地面积	0.044	0.047	0.019	0.044	0.018	0.037
	家庭年收入	0.147***	0.051	−0.009	−0.036	−0.039	0.027
专业知识获取特征	低碳农业知晓情况	0.464	0.290	0.319	0.278	−0.248	0.242
	参加相关培训情况	−0.345	0.240	0.138	0.277	0.670***	0.247
	是否拥有电视	0.167	0.344	0.631	0.319	1.458	0.301
	是否拥有网络	0.002	0.308	0.389	0.288	−0.432	0.264
−2 倍对数似然比		340.852		379.212		474.109	
卡方检验值		96.639		67.793		54.805	

注：*、**、*** 分别表示变量在 10%、5%、1% 的统计水平上显著。

3. 结果分析

（1）户主个人特征变量影响结果分析

年龄对农户施用农药和化肥的行为有负向影响（B=−0.039<0、B=−0.063<0），相较于高年龄的农户而言，年轻的农户更倾向于按标准或低于标准施用农药和化肥，农业生产行为表现为低碳行为。根据统计结果显示，选择按标准或低标准施用农药和化肥的农户在不同的年龄阶段有所差异，呈现出与年龄成反比的关系，0—41 岁（不含 41岁）的农户中均有 92.50% 选择按标准或低标准施用农药和化肥；41—51（不含 51 岁）岁年龄段中的这一比例下降了 9% 左右；51—61（不含 61 岁）岁年龄段中分别有 81.98%、80.18%；而 61 岁及以上的农

户中仅有 53.93% 和 49.44% 的农户选择按标准或低标准施用化肥。出现这一现象的原因可能是，随着户主年龄的增加，其接受或学习新鲜事物的能力逐渐下降，想要改变其"高投高产"的陈旧种植观念的难度加大。年龄对农膜处理方式的行为有正向影响（B=0.027>0），也即年龄越大，农户选择继续使用、卖给废品收购站或其他低碳处理方式行为的可能性越大。根据统计结果显示，在 0—41 岁（不含 41 岁）、41—51 岁（不含 51 岁）、51—61 岁（不含 61 岁）、61 岁及以上的户主中，选择继续使用、卖给废品收购站或其他低碳处理方式行为的比例分别为 67.50%、55.36%、72.97%、70.79%，随着户主年龄的增加，选择农膜的处理方式更倾向于低碳行为。这一现象可能由于农膜与化肥、农药的不同在于其可重复利用，而年纪越大的户主节约意识越强，为了节约成本会尽量选择把农膜重复使用或转卖到废品收购站。

户主的性别对其是否选择低碳生产行为的三个方面均有显著影响，其中对农药施用和农膜处理的低碳行为选择有负向影响（B=−1.268<0、B=−0.590<0），也就是说，女性户主更偏向于选择低碳的生产方式。在农药施用和农膜处理选择低碳行为的户主，在男女户主中的比例分别是 73.08%、90.63% 和 61.22%、76.04%。而性别对农户在化肥施用时的低碳行为选择有正向作用（B=0.579>0），男性户主会更倾向于选择按标准或降低标准对化肥进行施用。中国传统女性相较于男性更节约、持家，在施用农药时会更倾向于节省开销，从而不会增加用量，再加上使用后的农膜会选择卖给废品站获得一定的收入或继续使用从而减少新农膜的投入，因此，在农药和农膜上会更偏向于低碳行为。而在化肥的施用上，由于化肥对农作物有增产的作用，女性户主可能更偏向于能够增加作物产量，以致更偏向于选择增加化肥的用量，但男性户主更愿意接受和尝试新事物，从而愿意减少或降低标准施用化肥。

文化程度仅对农药施用的低碳行为选择有显著作用，且为正向作用，即户主的文化程度越高，其选择农药使用的标准更倾向于按标准或低标准。这一现象出现可能的解释是，文化程度越高，人们对农药使用的方法越了解，同时能正确使用农药，使得农药的效果更好。

户主担任或担任过干部与否对其施用农药的低碳行为有正向影响（B=1.415>0），即有担任干部经历的户主选择按标准或低标准使用农药的几率更大。根据统计结果可知，在有干部经历的户主中，农药施用选择低碳的占95.00%；而在没有干部经历的户主中，该比例仅有72.87%。能够解释这一现象的理由可能是：曾经担任或现在担任干部的户主，为了响应政府的号召，在当地更好地推行低碳农业，他们会选择成为"领头羊"，带动各家各户参与进来。

具备某项专业技能对农户在农药和化肥选择低碳施用与否有显著的正向影响，即当农户具有某项专业技能时，其选择低碳施用农药和化肥的可能性更高。其中，在具备某项专业技能的农户中，选择低碳施用农药和化肥的均有88.19%，但在不具备某项专业技能的农户中，这一比例仅有约70%。这可能是因为，当农户具备一定的专业技能时，其家庭的收入不仅仅依靠农业耕作的收入，农户承担农业风险的能力也上升，能够愿意尝试低碳的生产方式。

（2）农户家庭特征变量影响结果分析

家庭收入仅对农户选择低碳施用农药有积极的作用。原因可能与是否具备某项专业技能对农户低碳行为的影响相类似，也就是说，当农户的家庭收入越高时，其承担风险的能力也就越大，更愿意也有能力尝试新鲜事物。

（3）专业知识获取特征变量影响结果分析

是否参加过相关培训对农户是否科学处理农膜有正向影响（B=0.670 > 0），即参加过相关培训的户主在农膜处理行为上偏向于低碳行为。统计结果显示，参加过相关培训的户主中，有76.92%对农膜使用选择低碳行为；而从未参加过相关培训的户主中，这一比例仅有56.25%。

（二）河南省数据分析

1. 河南省相关数据描述

表3-12　变量的含义和描述性统计分析结果

	变量	含义及赋值	均值	标准差	预期影响
因变量	农户在农药使用上是否具有农业低碳生产行为	高于标准施用 =0；按标准或低于标准施用 =1	0.649	0.479	—
	农户在化肥使用上是否具有农业低碳生产行为	高于标准施用 =0；按标准或低于标准施用 =1	0.684	0.467	—
	农户在农膜处理方式上是否具有农业低碳生产行为	就地扔掉、焚烧、深埋 =0；继续使用、卖给废品收购站、其他 =1	0.474	0.502	—
户主个人特征	年龄（x_1）	户主实际周岁（岁）	48.756	11.226	负向
	性别（x_2）	女 =0；男 =1	0.805	0.397	负向
	文化程度（x_3）	小学及以下 =0；初中 =1；高中 =2；大专 =3；大学本科及以上 =4	1.045	0.957	正向
	是否担任干部（x_4）	否 =0；是 =1	0.207	0.406	正向
	是否具备某项专业技能（x_5）	否 =0；是 =1	0.264	0.442	不确定
家庭特征	耕地面积（x_6）	家庭实际经营的耕地面积	5.258	2.829	正向
	家庭年收入（x_7）	家庭实际总收入（元）	4.080	3.310	不确定

	变量	含义及赋值	均值	标准差	预期影响
专业知识获取特征	低碳农业知晓情况（x_8）	否 =0；是 =1	0.447	0.498	正向
	参加相关培训情况（x_9）	否 =0；是 =1	0.216	0.413	正向
	是否拥有电视（x_{10}）	否 =0；是 =1	0.877	0.329	正向
	是否拥有网络（x_{11}）	否 =0；是 =1	0.731	0.445	正向

2. 河南省相关数据模型分析

综合所有自变量的多重共线性诊断结果看，容差（Tolerance）最小值为 0.587，方差膨胀因子（VIF）最大值为 1.704，即可认为自变量之间不存在多重共线性。

表 3-13　河南省二分类 Logistic 回归结果

变量		农药使用行为（模型Ⅰ）		化肥使用行为（模型Ⅱ）		农膜处理方式（模型Ⅲ）	
		系数（B）	标准误（S.E）	系数（B）	标准误（S.E）	系数（B）	标准误（S.E）
户主个人特征	年龄	−0.039*	0.022	−0.028	0.021	−0.029*	0.017
	性别	−2.913***	1.089	−1.850**	0.780	−1.779***	0.444
	文化程度	0.352	0.298	0.612**	0.288	−0.275	0.198
	是否担任干部	1.696**	0.806	−0.094	0.540	0.262	0.382
	是否具备某项专业技能	1.551***	0.572	0.309	0.481	0.066	0.348
家庭特征	耕地面积	0.365***	0.095	0.129*	0.075	−0.120	0.056
	家庭年收入	0.032	0.083	0.179*	0.108	0.976***	0.071
专业知识获取特征	低碳农业知晓情况	0.456	0.434	1.041**	0.428	−0.276	0.304
	参加相关培训情况	0.599	0.358	0.248	0.626	0.025	0.380
	是否拥有电视	0.899	0.581	0.752	0.511	0.292	0.428
	是否拥有网络	−1.002	0.508	−0.146	0.433	0.476	0.340
−2 倍对数似然比		165.596		183.254		286.521	
卡方检验值		63.082		42.407		46.190	

注：*、**、*** 分别表示变量在 10%、5%、1% 的统计水平上显著。

3. 结果分析

（1）户主个人特征变量影响结果分析

根据 Logistic 回归结果可知，年龄对农户选择农药使用和农膜处理上的低碳行为选择具有负向作用，即户主年龄越大时，其在施用农药和农膜处理上的低碳行为可能性越低；而年轻的户主更倾向于低碳地施用农药和处理农膜。通过对数据的进一步统计分析得出，在农业生产中，在施用农药和农膜处理上的低碳行为可能性均随着年龄的上升而降低，在 0—41 岁（不含 41 岁）、41—51 岁（不含 51 岁）、51—61 岁（不含 61 岁）、61 岁及以上的四个年龄阶段中的所占的比例有所不同，表现均选择按标准或低标准施用农药的户主所占比例分别为 92.00%、86.11%、70.59% 和 70.27%，选择低碳方式处理农膜的农户所占比例分别为 66.00%、49.07%、47.06%、40.54%。可能的解释是，农户的年龄越大，其接受新鲜事物的能力越低。但年龄对化肥施用行为的影响并不显著，可能与化肥能够增加产量的特性有关。

性别对三个模型均具有显著的负向影响，可解释为，与男性户主相比，女性户主更倾向于选择按标准或降低标准施用农药和化肥，在农膜处理方面也倾向于继续使用、卖给废品收购站等低碳方式。统计结果显示，在男性户主中，选择低碳施用农药、化肥和处理农膜的农户分别占比 77.78%、78.79%、43.43%；而在女性户主中，这一比例分别为 97.92%、95.83%、81.25%。可能的解释是，女性相较于男性更勤俭节约。

在农业活动过程中，文化程度对农户施用化肥的低碳行为选择具有显著的正向影响，即户主的文化程度越高，在施用化肥时选择低碳行为的可能性越大。统计结果也证实了这一点，在划分的五个文化程度中，文化程度越高，人们越能够正确地使用，各文化程度降低标准或按照标准使用化肥的比例逐步增加。

户主是否担任干部对其在农药施用的低碳行为选择具有显著的正向影响，即担任干部或有干部经历的农户更偏向于按标准或低标准施用农药。统计结果显示，在有干部经历的人中，96.08%的农户选择低碳的施用农药；而在没有干部经历的农户中，这一比例仅有77.95%。可能的解释是，有干部经历的农户相较于其他农户对低碳农业的了解更深，也更加知道低碳农业的重要性，同时还要起到带头示范的作用。而该变量在模型Ⅱ、模型Ⅲ中的影响并不显著，可能与化肥和农膜的自身特点有关，化肥和农膜的品种、功效单一，首先化肥能够增加作物产量，担任干部的农户与没有担任干部的农户对化肥的认知相差不大；其次农膜在使用过程中极容易毁损。

（2）农户家庭特征变量影响结果分析

耕地面积变量在Ⅰ、Ⅱ模型中具有显著作用，具体表现为对农药、化肥施用的低碳行为选择有显著正向影响，即农户家庭耕地面积越大，农户选择按标准或降低标准施用农药、化肥的可能性越大。将耕地面积划分为四个等级：3亩及以下、3—5亩、5—8亩、8亩及以上，根据统计结果显示，在这四个等级的农户中分别有59.57%、75.76%、95.29%、87.50%的农户选择低碳施用农药，72.34%、78.79%、87.06%、87.50%的农户选择低碳施用化肥。这可能与耕作成本有关，当耕地面积越大时，会越偏向于选择降低施用农药和化肥的浓度，以减少投入的成本。

家庭收入对农户选择低碳施用化肥和处理农膜有积极的作用。原因可能与是否具备某项专业技能对农户低碳行为的影响相类似，也就是说，当农户的家庭收入越高时，其承担风险的能力也就越大，更愿意也有能力尝试新鲜事物；同时，由于收入越高，对生产技术的改进可能性越大，更看重生产材料的质量及效果。但该变量在模型Ⅰ中并不显著，可能因为农药是一种解决一些多发性、爆发性病虫草害情况的用品，能够保证农作物基本的正常生长。

（3）专业知识获取特征变量影响结果分析

户主对低碳农业知晓的情况对其在农业生产中的农药施用有显著正向影响（B=1.041>0），可以解释为，农户对低碳农业知晓会偏向于低碳的施用化肥。统计结果也显示，在对低碳农业知晓的农户中，按标准或降低标准施用化肥的农户占 90.00%，而在不知晓的农户中，这一比例仅有 75.74%。而在模型Ⅰ和模型Ⅲ中不显著的原因可能是，由于受教育程度的限制，农户不能全面地对低碳农业进行了解，因此不能作出最准确的决策。

（三）山东省数据分析

1. 山东省相关数据描述

表 3-14 变量的含义和描述性统计分析结果

	变量	含义及赋值	均值	标准差	预期影响
因变量	农户在农药使用上是否具有农业低碳生产行为	高于标准施用 =0；按标准或低于标准施用 =1	0.665	0.473	—
	农户在化肥使用上是否具有农业低碳生产行为	高于标准施用 =0；按标准或低于标准施用 =1	0.818	0.387	—
	农户在农膜处理方式上是否具有农业低碳生产行为	就地扔掉、焚烧、深埋 =0；继续使用、卖给废品收购站、其他 =1	0.511	0.501	—

续表

	变量	含义及赋值	均值	标准差	预期影响
户主个人特征	年龄（x_1）	户主实际周岁（岁）	50.205	9.716	负向
	性别（x_2）	女 =0；男 =1	0.705	0.458	负向
	文化程度（x_3）	小学及以下 =0；初中 =1；高中 =2；大专 =3；大学本科及以上 =4	1.182	0.882	正向
	是否担任干部（x_4）	否 =0；是 =1	0.137	0.345	正向
	是否具备某项专业技能（x_5）	否 =0；是 =1	0.295	0.458	不确定
家庭特征	耕地面积（x_6）	家庭实际经营的耕地面积	4.909	2.800	正向
	家庭年收入（x_7）	家庭实际总收入（元）	4.392	4.303	不确定
专业知识获取特征	低碳农业知晓情况（x_8）	否 =0；是 =1	0.489	0.501	正向
	参加相关培训情况（x_9）	否 =0；是 =1	0.534	0.868	正向
	是否拥有电视（x_{10}）	否 =0；是 =1	0.869	0.339	正向
	是否拥有网络（x_{11}）	否 =0；是 =1	0.771	0.421	正向

2. 山东省相关数据模型分析

综合所有自变量的多重共线性诊断结果看，容差（Tolerance）最小值为 0.716，方差膨胀因子（VIF）最大值为 1.397，即可认为自变量之间不存在多重共线性。

表 3-15　山东省二分类 Logistic 回归结果

变量		农药使用行为（模型 Ⅰ）		化肥使用行为（模型 Ⅱ）		农膜处理方式（模型 Ⅲ）	
		系数（B）	标准误（S.E）	系数（B）	标准误（S.E）	系数（B）	标准误（S.E）
户主个人特征	年龄	−0.112***	0.029	−0.048*	0.027	0.051**	0.021
	性别	−2.417***	0.712	−3.073***	1.018	−0.577	0.421
	文化程度	0.055	0.298	0.286	0.345	0.114	0.243

续表

变量		农药使用行为（模型Ⅰ）		化肥使用行为（模型Ⅱ）		农膜处理方式（模型Ⅲ）	
		系数（B）	标准误（S.E）	系数（B）	标准误（S.E）	系数（B）	标准误（S.E）
户主个人特征	是否担任干部	1.887*	0.806	−0.367	0.987	−0.245	0.572
	是否具备某项专业技能	0.006	0.464	0.411	0.570	−0.238	0.393
家庭特征	耕地面积	0.161	0.101	0.007	0.114	0.352***	0.088
	家庭年收入	0.136**	0.060	0.154	0.007	−0.023	0.044
专业知识获取特征	低碳农业知晓情况	−1.008**	0.456	0.109	0.530	−1.025***	0.391
	参加相关培训情况	0.320	0.293	1.633***	0.621	0.249	0.232
	是否拥有电视	0.665	0.627	0.681	0.653	0.623	0.565
	是否拥有网络	−0.028	0.521	1.875***	0.557	0.444	0.454
−2 倍对数似然比		144.513		107.179		194.146	
卡方检验值		76.180***		58.52***		45.677***	

注：*、**、*** 分别表示变量在 10%、5%、1% 的统计水平上显著。

3. 结果分析

（1）户主个人特征变量影响结果分析

根据 Logistic 回归结果可知，年龄对农户在农药和化肥的使用以及农膜处理方式的选择上均有显著影响，其中对农药和化肥在施用方式上选择低碳行为具有负向影响，即户主年龄越大时，其在施用农药和化肥上的低碳行为可能性越低；而年轻的户主更倾向于低碳地施用农药和化肥。对数据统计分析体现出这一点，选择按标准或降低标准施用农药和化肥的比例在 0—41 岁（不含 41 岁）、41—51 岁（不含51 岁）、51—61 岁（不含 61 岁）、61 岁及以上的四个年龄阶段中的所占的比例有所不同，分别为 82.35%、78.41%、59.62%、15.79% 和82.35%、89.77%、78.85%、52.63%，这两种比例大致随着年龄段的上升而下降。但年龄这一变量对低碳处理农膜具有正向作用，也就是说，年龄越大的户主越偏向于将农膜继续使用或卖给废品站。这可能是因为随着年龄的增长，接受新鲜事物的能力下降，传统的耕作方式已在农户心中根深蒂固，难以更改；而又出于节约的心理，重复使用农膜或卖掉。

性别变量对农药和化肥的低碳施用均表现为负向影响，可解释为与男性户主相比，女性户主在施用农药和化肥方面更倾向于选择按标准或降低标准施用。统计结果也显示，在男性户主中，选择低碳施用农药和化肥的农户分别占比 55.65% 和 56.00%；而在女性户主中，这一比例分别为 92.31% 和 92.31%。可能的解释是，女性相较于男性更勤俭节约。

户主是否担任干部对其在农药施用的低碳行为选择上具有显著的正向影响，即担任干部或有干部经历的农户更偏向于按标准或低标准施用农药。统计结果显示，在有干部经历的农户中，91.67% 的选择低碳施用的农药；而在没有干部经历的农户中，这一比例仅有 62.50%。可能的解释是，有干部经历的农户相较于其他农户对低碳农业的了解更深，也更加知道低碳农业的重要性，同时还要起到带头示范的作用。而该变量在模型Ⅱ、模型Ⅲ中的影响并不显著，可能与化肥和农膜的自身特点有关，化肥和农膜的品种、功效单一，首先化肥能够增加作物产量，担任干部的农户与没有担任干部的农户对化肥的认知相差不大；其次农膜在使用过程中极容易毁损。

（2）农户家庭特征变量影响结果分析

耕地面积变量仅对低碳处理农膜的行为具有显著的正向作用，即农户家庭耕地面积越大，农户选择继续使用或卖给废品站的可能性越大。将耕地面积划分为四个等级：3亩及以下、3—5亩、5—8亩、8亩及以上，根据统计结果显示，在这四个等级中分别有28.81%、55.77%、60.78%、92.31%的农户选择低碳的方式对农膜进行处理，这一比例随着耕地面积的增多而上升。这可能与耕作成本有关，当耕地面积越大时，会越偏向于选择重复利用或进行回收，以减少投入的成本。

家庭收入对农户选择低碳施用农药有积极的作用，可以解释为家庭年收入越高，农户选择低碳使用农药的可能性越高。当农户的家庭收入越高时，其承担风险的能力也就越大，更愿意也有能力尝试新鲜事物；同时对生产技术的改进可能性越大，更看重生产材料的质量及效果。但该变量在模型Ⅰ和模型Ⅲ中并不显著，可能因为农药是一种解决一些多发性、爆发性病虫草害情况的用品，能够保证农作物基本的正常生长，而农膜由于质量等问题，重复使用及回收的可行性较低。

（3）专业知识获取特征变量影响结果分析

户主对低碳农业知晓的情况对其在农业生产中的农药施用和农膜处理有显著负向影响（B=-1.008 < 0，R=1.025 < 0），可以解释为，农户对低碳农业有所知晓并不意味着农户选择低碳施用农药和处理农膜的可能性升高。农户作为理性经济人，更加关心自身的经济利益，在低碳和自身利益的权衡之下，更有可能选择自身经济利益。

是否参加相关培训变量对低碳施用化肥有显著的正向影响，也就是说，参加过相关培训的农户选择按标准或降低标准施用化肥的可能性越大。其原因可能是，农户通过参加相关培训掌握耕作的技巧，改善作物生长的条件。而该变量对农药和农膜的低碳行为影响并不显著，可能是因为，农户掌握的技巧还不足以抵抗害虫等灾害的风险。

（四）三省差异性分析

通过对比三省的 Logistic 回归结果，得出以下结论。

1. 三省低碳施用农药行为分析

有多个变量对三省低碳施用农药行为的影响具有一致性。例如，年龄和性别变量对三省的低碳施用农药行为均有显著的负向作用，技能具备与否对三省低碳施用农药行为有正向的显著影响，表明这三个变量对农户低碳施用农药行为具有一致性外，还具有有效性。此外，在知识获取方面参加培训情况、电视以及网络变量对三省的低碳施用农药行为均无显著影响。文化程度、担任干部经历、耕地面积、家庭收入以及低碳农业知晓情况对三省农户的低碳施用农药行为影响具有差异性。其中，文化程度变量仅在湖北有显著影响；担任干部经历变量仅对山东无显著影响，对湖北和河南均有显著的正向影响；耕地面积仅对河南有显著的正向影响；家庭收入对湖北和山东都有显著正向影响；低碳农业的知晓情况仅对山东有显著影响，且为负向。造成这种差异性的原因可能在于，三省的气候、环境以及耕作的农作物有所差别，对农药的需求程度略有不同。

2. 三省低碳施用化肥行为分析

对三省低碳施用化肥行为有显著影响的因素较少。调查结果显示，性别因素同时对三省的施用化肥行为有显著影响，但仅在湖北有积极的影响；尤其在户主个人特征方面，年龄因素在湖北、山东两地对低碳施用化肥的行为有显著负向的影响，但在河南的影响不显著，而文化程度因素仅在河南有显著影响，且为正向，具备某项技能方面也仅在湖北有显著的正向影响，三省的户主担任干部经历对其选择低碳施用化肥行为的影响均不显著。在家庭特征方面，耕地面积和家庭年收入情况在湖北、山东两地的影响均不显著，仅在河南有显著的正向作用。在专业知识获取特征方面，各变量最多只对一个省有显著影响且为正向，其中低碳农业知晓情况仅在河南有显著影响，参加相关培训和网络情况都仅对山东有显著影响，具备电视的情况对三省均无显著影响。

3. 三省低碳处理农膜行为分析

各变量对三省低碳处理农膜行为影响也多为不显著。例如，年龄因素对湖北、山东两地的农户选择低碳处理农膜的行为有显著的正向影响，但对河南有显著负向影响；性别因素仅对湖北、河南两地有显著影响，且为负向；而户主的文化程度以及干部经历、技能三个因素在三省份均不显著；耕地面积和家庭收入分别对山东、河南两地有显著的正向影响；低碳农业知晓情况和参与相关培训情况分别对山东有显著的负向影响以及对湖北有显著的正向影响，在河南均无显著影响。

整体来看，年龄和性别因素是影响农户选择低碳的生产行为的主要因素。

表3-16　三省二分类 Logistic 回归结果比较

变量		农药使用行为			化肥使用行为			农膜处理方式		
		湖北	河南	山东	湖北	河南	山东	湖北	河南	山东
户主个人特征	年龄	−	−	−	−	/	−	+	−	+
	性别	−	−	−	+	−	−	−	−	/
	文化程度	+	/	/	/	+	/	/	/	/
	是否担任干部	+	+	/	/	/	/	/	/	/
	是否具备某项专业技能	+	+	+	+	/	/	/	/	/

变量		农药使用行为			化肥使用行为			农膜处理方式		
		湖北	河南	山东	湖北	河南	山东	湖北	河南	山东
家庭 特征	耕地面积	/	+	/	/	+	/	/	/	+
	家庭年收入	+	/	+	/	+	/	/	+	/
专业 知识 获取 特征	低碳农业知晓情况	/	/	−	/	+	/	/	/	−
	参加相关培训情况	/	/	/	/	/	+	+	/	/
	是否拥有电视	/	/	/	/	/	/	/	/	/
	是否拥有网络	/	/	/	/	/	+	/	/	/

注：表中"+"表示具有显著的正向作用、"−"表示具有显著的负向作用、"/"表示作用不显著。

通过对湖北、河南和山东 830 户受访农户的问卷调查，针对农户在低碳农业生产中，对低碳生产方式行为的选择的分析，得出以下结论：

各地区对农户的低碳生产方式行为的选择造成影响的因素存在差异，虽然从整体上看，各地区农户对低碳生产方式的选择占主导地位，但农户对低碳生产方式的认知不成熟，且知晓情况较少，主要原因在于受访农户中，户主年龄偏大且文化程度较低，对新事物的理解和接受能力不足，选择低碳的生产方式并不是基于对低碳农业的了解，而是出于对农业生产投入的节约。因此，政府应加大对低碳农业生产的科普性和基础性宣传，同时加强农户的自主学习能力，让农户真正了解何为低碳农业、低碳农业的好处以及如何实现低碳农业生产。

第四章 我国农业碳功能测算与时空特征分析

如今，二氧化碳排放所引起的环境问题越来越严峻，而发展低碳经济、降低碳排放是遏制全球气候变暖的重大战略举措。作为全世界上最大的发展中国家，中国在 2009 年哥本哈根召开的世界气候大会上也作出了承诺，即到 2020 年中国单位 GDP 的二氧化碳排放量将下降 40%—50%。为了实现目标，在 2015 年党的十八届五中全会上，提出了"创新、协调、绿色、开放、共享"的发展理念。"十三五"期间着力推进绿色发展、循环发展、低碳发展，节约利用土地、水、能源等资源，强化环境保护和生态修复，减少对自然的干扰和损害。农业活动是人类生活、生产的必要活动，既是主要的温室气体来源，同时也是受气候变化影响最大的产业。因此，减少农业碳排放不仅可以带来环境的正外部效应，还可以帮助我国实现碳减排的目标，从而推动我国经济和社会的可持续发展。

第一节 农业碳排放 / 碳汇估算方法及其数据来源

一、碳源 / 碳汇估算方法

农业碳排放包括农业碳排放和畜牧业碳排放（本书以下农业碳排

放均指种植业碳排放），指农业生产中直接或者间接产生的温室气体的排放。农业碳效应主要分为碳排放效应和碳汇效应，其中农业碳排放主要是指耕地利用的碳排放，林、草地是主要的两大碳汇。本书对于园地的碳功能不予测算，一方面是因为园地面积比重较小，而且相当一部分园地已经纳入耕地统计的范畴；另一方面是因为园地的统计数据缺失。

农业碳汇是指农作物、草地以及林地在生长周期中通过光合作用吸附大量的二氧化碳，对空气起到一定的净化作用。农业碳汇主要分为农作物碳汇、草地碳汇和林地碳汇。

农作物既有碳吸收作用，同时农作物浇水施肥、农作物果实被人消费和秸秆被焚烧的时候又会产生碳排放。如果将农作物的碳汇作用计入农业净碳排放中，则很容易影响测算结果的正确性，会出现错误的结论，所以农作物碳汇不纳入农业净碳排放测算体系中。

（一）农业（种植业）碳源/碳汇的估算方法

一般来说，农业碳排放的碳源有以下六个方面：一是化肥生产和使用过程中所产生的碳排放，包括生产过程、运输过程和施用过程中耗费的化石燃料所导致的碳排放，同时在使用化肥的过程中改变土壤的结构也会形成碳排放；二是农药的生产和使用过程中所导致的碳排放；三是农膜生产和使用过程中所引起的碳排放；四是使用农用机械所消耗的柴油也会引起碳排放；五是翻耕导致土壤的有机碳库发生变化，从而释放出二氧化碳；六是农业灌溉所消耗的电能（火电部分），而火电的产生需要耗费大量的化石燃料，从而间接产生碳排放。根据上述六个种类，可以列出农业碳排放的估计公式如下：

$$E = \sum E_i = \sum T_i \times \delta_i \qquad （4\text{-}1）$$

式（4-1）中 E 为农业碳排放总量，E_i 为各类碳源碳排放量，T_i 为各碳排放源的量，δ_i 为各碳排放源的碳排放系数。根据有关经验数据，分别归纳出农业碳源系数如表 4-1 所示。

表 4-1　农业碳功能、系数及参考来源

碳功能	碳源	碳排放系数	参考来源
碳源	化肥	$0.8956kg \cdot kg^{-1}$	T.O.west、美国橡树岭国家实验室
	农药	$4.9341kg \cdot kg^{-1}$	美国橡树岭国家实验室
	农膜	$5.18kg \cdot kg^{-1}$	南京农业大学农业资源与生态环境研究所（IREEA）
	柴油	$0.5927kg \cdot kg^{-1}$	联合国政府间气候变化专门委员会（IPCC）
	翻耕	$312.6\ kg \cdot km^{-2}$	中国农业大学生物与技术学院
	农业灌溉	$25kg \cdot Cha^{-1}$	Dubey
碳汇	林地	$0.49T（C）/hm^2$	黄贤金
	草地	$0.0021kg（C）m^{-2}a^{-1}$	方精云、郭兆迪等

注：火力发电过程中由于消耗化石燃料形成碳排放，而核电、水电和风电则无碳排放。因此测算农业灌溉耗能，需要在原系数 25 千克基础上乘以火电比重（即火电占总发电量比重）。根据中国年鉴统计数据，2011—2014 年我国平均火电比重为 0.781，因此在测算中农业灌溉碳源系数采用 19.533 千克 / 公顷。

（二）畜牧业碳源估算方法

畜禽养殖所引发的碳排放，包括肠道发酵所引起的甲烷排放以及粪便管理系统中所导致的甲烷和一氧化二氮排放。具体到我国，主要涉及牛（分为奶牛和非奶牛）、马、驴、骡、骆驼、猪、羊（分为山羊和绵羊）、家禽、兔等畜禽品种。相关排放系数均源于 IPPC。

表 4-2　主要牲畜的碳排放系数

单位：千克/头/年

畜禽品种	甲烷排放系数		一氧化二氮排放系数
	肠胃发酵	粪便管理	粪便管理
猪	1.00	4.00	0.53
禽类	0.00	0.02	0.02
兔	0.25	0.08	0.02
奶牛	61.00	18.00	1.00
水牛	55.00	2.00	1.34
黄牛	47.00	1.00	1.39
马	18.00	1.64	1.39
驴	10.00	0.90	1.39
骡	10.00	0.90	1.39
山羊	5.00	0.17	0.33
绵羊	5.00	0.15	0.33
骆驼	46.00	1.92	1.39
非奶牛	51.40	1.50	1.37

注：从 2008 年起牛的品种修正为肉牛、奶牛和役用牛。为了统一统计口径，本书将牛分为奶牛和非奶牛来计算。非奶牛是取黄牛和水牛的平均值。

由于各种畜禽的饲养周期不同，对各种畜禽的年平均饲养量的测算方法也是不同的。本书根据胡向东（2010）和闵继胜（2012）的方法进行了总结，对畜禽的平均饲养量根据畜禽的出栏量和年末存栏量进行了调整。对出栏率大于 1 的猪、家禽和兔，用其出栏量除以 365 再乘以其生命周期，其中猪、家禽和兔的生命周期分别为 200 天、55 天和 105 天。对于出栏量小于 1 的畜禽，如奶牛、非奶牛、马、驴、骡、山羊、绵羊和骆驼，都是用相邻两年的年末存栏量的平均数来表示平均饲养量。其具体公式如下：

$$\gamma_n = a_n \times \frac{\theta}{365} \text{（当 } m>1 \text{ 时）} \tag{4-2}$$

$$\gamma_n = \frac{\beta_{n-1} + \beta_n}{2} \text{（当 } m<1 \text{ 时）} \tag{4-3}$$

γ_n 代表第 n 年畜禽的平均饲养量，m 为畜禽出栏率，a_n 代表出栏率大于 1 的畜禽的第 n 年的出栏量，θ 代表畜禽的生命周期，β_{n-1} 表示出栏率小于 1 的畜禽第 $n-1$ 年的年末存栏量，β_n 表示出栏率小于 1 的畜禽第 n 年的年末存栏量。

（三）农作物碳汇估算方法

农作物碳汇值采用李克让的估算方法进行估算。主要依据农作物产量信息、农作物经济系数和碳吸收率来进行估算，农作物生育期总碳汇量（C_t）估算公式：

$$C_t = \sum_i C_d \tag{4-4}$$

$$C_d = C_f D_w \tag{4-5}$$

$$D_w = Y_w / H_i \tag{4-6}$$

式（4-4）、式（4-5）、式（4-6）中，i 为农作物类型，C_d 为单种作物全生育期对碳的吸收量，C_f 为作物合成单位有机质干质量所吸收的碳，D_w 为生物产量，Y_w 为经济产量，H_i 为 i 种农作物经济系数。主要农作物经济系数 H_i 和碳吸收率 C_f，如表 4-3 所示。

表 4-3　主要农作物经济系数和碳吸收率

作物名称	经济系数	碳吸收率	作物名称	经济系数	碳吸收率
水稻	0.45	0.4144	花生	0.43	0.4500
小麦	0.4	0.4853	谷子	0.4	0.4500
玉米	0.4	0.4709	甘蔗	0.5	0.4500
高粱	0.35	0.4500	甜菜	0.7	0.4072
棉花	0.1	0.4500	烟草	0.55	0.4500

作物名称	经济系数	碳吸收率	作物名称	经济系数	碳吸收率
大豆	0.34	0.4500	向日葵	0.3	0.4500
薯类	0.7	0.4226	其他粮食作物	0.4	0.4500

资料来源：李克让：《土地利用变化和温室气体净排放与陆地生态系统碳循环》，气象出版社 2000 年版。

二、数据来源

本书所使用的农膜、农药、化肥数据均来源于历年《中国环境统计年鉴》，灌溉、农用柴油数据出自《中国农业统计年鉴》，并且均采用当年实际使用量；以当年我国农作物实际播种面积作为翻耕数据，农作物播种面积出自《中国统计年鉴》，草地和林地面积、耕地增减变动的数据均来源于《中国土地资源统计年鉴》。猪、家禽、兔、牛、羊、马、驴、骡、骆驼等牲畜的数据均来自《中国农村统计年鉴》和《中国畜牧兽医年鉴》，但由于 2008 年统计口径改变，从 2008 年起牛的品种修正为肉牛、奶牛和役用牛，不再以奶牛、黄牛和水牛进行分类，2015 年兔的出栏量数据也缺失。主要的农作物产量来自《中国统计年鉴》和《中国农村统计年鉴》。

第二节　我国农业（种植业）碳排放时空特征分析

一、我国农业碳排放情况

通过测算得到，我国 1993 — 2016 年的农业碳排放量如图 4-1 所示。我国 2016 年的农业碳排放量较 1993 年的 4302.93 万吨增长到了 9004.32 万吨，增长量为 4701.39 万吨，年均增长率为 3.29%。在增长率方面，自 1993 年以来，我国农业碳排放量呈现上涨趋势，但增长

的速度呈逐年下降趋势，尤其在 2016 年实现了 1.11% 的负增长。碳
排放强度的变化趋势整体上为上升趋势，由 1993 年的 452.46 千克 /
公顷上升到了 2016 年的 667.33 千克 / 公顷，年均增长率为 1.91%，
但期间出现了三次下降，分别为 1995—1996 年下降了 116.23 千克 /
公顷、2013—2014 年下降了 61.97 千克 / 公顷和 2015—2016 年下降
了 7.17 千克 / 公顷。

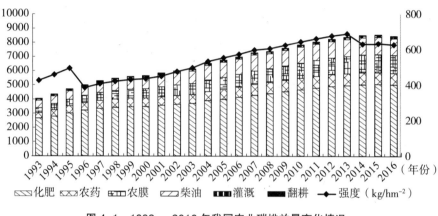

图 4-1　1993 — 2016 年我国农业碳排放量变化情况

二、各地区农业碳排放及影响因素分析

各行政区域农业碳排放量如图 4-2 所示，可以看出全国及七大
行政区域 2000—2016 年农业碳排放量均显著升高，但增长的速度各
有不同，具体如下：从全国层面看，全国农业碳排放量自 2000 年起
持续升高，但从 2014 年开始增速出现了下降趋势，并在 2016 年出现
1.11% 的负增长。从各行政区域层面看，华东地区的农业碳排放量一
直位列第一，华中地区保持第二，但华中与华东的排放量差距较大，
华北地区的排放量基本保持第三；在增长幅度方面，2016 年西北地区
农业碳排放量较 2000 年的增长幅度高达 121.50%，超越华南、西南、

东北三个地区，东北地区农业碳排放量增幅位居第二，为84.73%，华东地区的增长幅度最小，仅有17.06%。

各行政区域2000年和2016年农业碳排放结构变化如图4-3所示，可以看出化肥是影响农业碳排放的主要因素，其用量在各区域的农业碳排放的占比均超过50%；总体上与2000年相比2016年农膜的占比有所增加，而农药的比例略有下降，灌溉和翻耕所占的比例最小，均未超过3%。

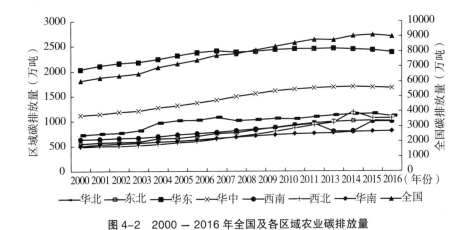

图4-2 2000－2016年全国及各区域农业碳排放量

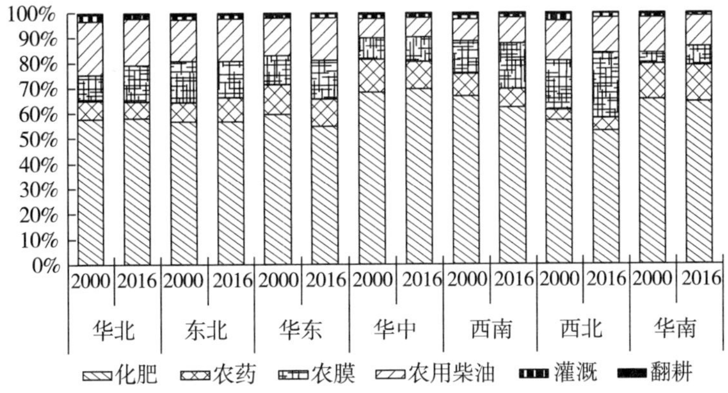

图4-3 2000年和2016年各行政区域农业碳排放结构

　　各行政区域内的农业碳排放量如图4-4所示，可以看出各区域内的农业碳排放均存在差距较大的特点。首先，从2000年各省份农业碳排放的情况来看，河北、辽宁、黑龙江、江苏、浙江、安徽、山东、河南、湖北、湖南、四川、广东、广西的排放量均高于当年全国平均水平，其中山东、河南以及河北的排放量位列前三；而在低于全国平均水平的省份中，青海和西藏地区排放量最少。其次，从2016年各省农业碳排放情况来看，新疆碳排放量超过全国平均水平，增长幅度最大；仅有北京、上海的农业碳排放相比于2000年出现下降。最后，从各省份农业碳排放的结构来看，化肥使用产生的碳排放所占的比重最大，农药、农膜、柴油所占的比重也较大，灌溉和翻耕所占比重较小；但在2016年，化肥、农药的碳排放比例略有下降。

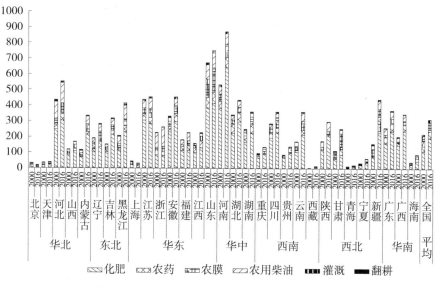

图4-4　2000年和2016年各地区碳排放量结构

　　综合上述分析，华东地区的碳排放量最大，但增长幅度最小；西北地区虽然碳排放量较小，但增长的幅度最大。通过对区域内部的分析发现，区域内部存在较大差异，尤其在华北地区中，北京和天津的碳排放量和增长幅度都远远低于河北、山西、内蒙古，甚至在北京出现了负增长的情况；在华东地区也出现类似的情况，上海的农业碳排放量出现负增长，同时上海的排放量与江苏、浙江、安徽、福建、江西、山东的排放量差距明显；在华中地区中，河南的排放量和增长速度明显高于湖北、湖南两地；在西南地区中，西藏的排放量占比不到1%；与西南地区情况类似，西北地区中青海的排放量占比也不到1%。此外，各地区因使用化肥、农药产生碳排放占比均减少，但值得注意的是，占比较小的灌溉和翻耕产生的排放出现了增长。

三、各地区农业碳排放驱动因素分析

（一）农业碳排放因素分解模型

目前，常用的碳排放因素的分解模型有 Stirpat 模型、Kaya 模型和 LMDI 模型等，由于 LMDI 分解法能够消除残差项，并且能够在乘积和加和分解中建立一定的关系，使得两者可自由进行来回转换，因此本书将选用 LMDI 分解法对中国农业碳排放的影响因素进行分解研究，具体公式如下：

$$C = \frac{C}{A} \times \frac{A}{G} \times \frac{G}{P} \times P \qquad (4-7)$$

其中，C 代表农业碳排放总量；A 代表种植业 GDP；G 代表农林牧渔业 GDP；P 代表农村人口。同时，令 $\alpha = \frac{C}{A}$，表示农业的生产效率因素；$\beta = \frac{A}{G}$，代表农业的内部结构因素；$\theta = \frac{G}{P}$，表示农业的经济发展水平因素；P 表示人口规模因素。则式（4-7）可简化为：

$$\Delta C = \Delta\alpha + \Delta\beta + \Delta\theta + \Delta P \qquad (4\text{-}8)$$

式（4-8）中，ΔC 表示目标年与基期年相比的农业碳排放的变化量；$\Delta\alpha$ 表示目标年与基期年相比的因农业生产效应变化导致的碳排放变化量；$\Delta\beta$ 表示目标年与基期年相比的因农业内部结构变化导致的碳排放变化量；$\Delta\theta$ 表示目标年与基期年相比的因农业经济水平变化导致的碳排放的变化量；ΔP 表示目标年与基期年相比的因人口变动而导致的农业碳排放变化量。其中，$\Delta\alpha$、$\Delta\beta$、$\Delta\theta$、ΔP 的表达式如下：

$$\Delta\alpha = \frac{C^T - C^O}{\ln C^T - \ln C^O} \times \ln\frac{\alpha^T}{\alpha^O} \qquad (4\text{-}9)$$

$$\Delta\beta = \frac{C^T - C^O}{\ln C^T - \ln C^O} \times \ln\frac{\beta^T}{\beta^O} \qquad (4\text{-}10)$$

$$\Delta\theta = \frac{C^T - C^O}{\ln C^T - \ln C^O} \times \ln\frac{\theta^T}{\theta^O} \qquad (4\text{-}11)$$

$$\Delta P = \frac{C^T - C^O}{\ln C^T - \ln C^O} \times \ln\frac{P^T}{P^O} \qquad (4\text{-}12)$$

（二）农业碳排放因素分解结果分析

将全国 31 个省（自治区、直辖市）的 2000—2016 年农业碳排放数据，利用 LMDI 模型进行分解，计算各地区农业碳排放影响因素分解结果，各影响因素对各区域农业碳排放影响效应的累计变化量如图 4-5、图 4-6 所示。

从区域视角来看，经济因素是农业碳排放增长的首要因素，尤其在华东、华中、华北和西南地区，2000—2016 年累计贡献量超过 1000 万吨，分别为 2506.71 万吨、1697.94 万吨、1105.74 万吨、1018.40 万吨，说明随着经济和科技不断进步，低碳农业和绿色经济

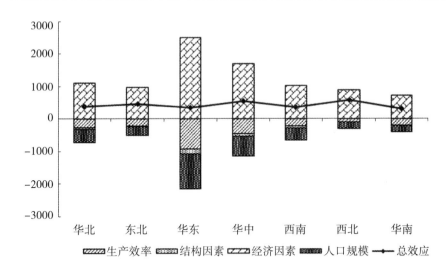

图 4-5　2000—2016 年各区域农业碳排放影响因素分解累计情况

不断推广，但农业对农药、化肥等生产资料仍具有一定的依赖性。生产效率、结构因素、人口规模在一定程度上抑制农业碳排放的增长，其中人口规模在各区域累计实现的碳减排均大于 50%，其中华东地区人口因素对碳减排的累计贡献量最大（1089.30×10000 吨），但累计实现的碳减排占比最小（50.44%），西北地区与之相反；整体结构因素的累计效应最小，尤其在东北对碳减排的贡献率仅有 4.38%，而累计贡献量仅有 22.07 万吨。根据对全国地区农业内部结构的分析发现，种植业在农林牧渔中的占比呈下降趋势，其下降的幅度较小，可能是造成结构因素对碳减排效果不明显的原因，但也是不可忽略的重要减排因素。

　　区域内各因素在各地区的影响与区域整体存在差异，经济因素虽然是促进农业碳排放增长的主要因素，尤其在山东、河南的累计贡献量分别达到了 954.44 万吨、867.26 万吨，但是在上海地区对碳减排产生了积极作用，历年来对减排的累计量为 0.11 万吨；人口规模对各地区的农业碳减排的积极作用明显；生产效率对个别地区的碳减排作用略大于人口规模，例如北京、河北、黑龙江、海南四个省（直辖市）。同时生产效率在内蒙古和新疆两地促进农业碳排放的增长，结构因素在广东和广西两地也出现促进农业碳排放增长的情况，历年累计贡献量分别为 6.77 万吨、3.83 万吨。

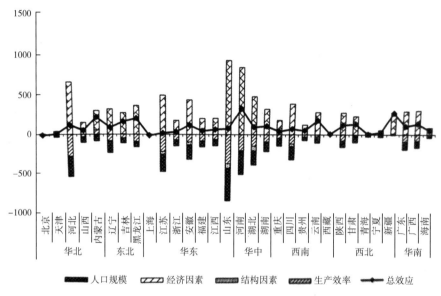

图 4-6　2000—2016 年各地区农业碳排放影响因素分解累计情况

四、各地区农业碳排放与经济增长的脱钩分析

（一）脱钩理论及指数测算

脱钩模型主要是针对剔除经济因素后的碳排放进行分析，因此本书将在 LMDI 因素分解法的基础上，结合 Tapio 弹性分析法，构建全国农业碳排放与经济增长的脱钩弹性模型如下：

$$\varepsilon = \frac{\Delta C}{C^0} / \frac{\Delta A}{A^0} \qquad （4-13）$$

其中，ε 为农业碳排放与经济增长的脱钩弹性系数；ΔC 为目标期相比基期农业碳排放变化量；C^0 为基期碳排放总量；ΔA 为目标期相比基期种植业 GDP 变化量；A^0 为基期种植业 GDP。

脱钩弹性系数 ε 具体划分准则如表 4-4 所示。

表 4-4 Tapio 弹性指数判断脱钩状态标准

ΔC	ΔA	ε	脱钩状态	编号
$\Delta C<0$	$\Delta A>0$	$\varepsilon<0$	强脱钩	1
$\Delta C>0$	$\Delta A>0$	$0 \leq \varepsilon<0.8$	弱脱钩	2
$\Delta C>0$	$\Delta A>0$	$0.8 \leq \varepsilon \leq 1.2$	扩张连接	3
$\Delta C>0$	$\Delta A>0$	$\varepsilon>1.2$	扩张负脱钩	4
$\Delta C>0$	$\Delta A<0$	$\varepsilon<0$	强负脱钩	5
$\Delta C<0$	$\Delta A<0$	$0 \leq \varepsilon<0.8$	弱负脱钩	6
$\Delta C<0$	$\Delta A<0$	$0.8 \leq \varepsilon \leq 1.2$	衰退连接	7
$\Delta C<0$	$\Delta A<0$	$\varepsilon>1.2$	衰退脱钩	8

在剔除经济因素对农业碳排放的影响后，为进一步权衡其他措施对碳减排的脱钩努力程度，构建农业碳排放的脱钩努力指数模型如下：

$$D=-\frac{\Delta E}{\Delta \theta}=-\frac{\Delta C-\Delta \theta}{\Delta \theta}=-\frac{\Delta \alpha}{\Delta \theta}-\frac{\Delta \beta}{\Delta \theta}-\frac{\Delta P}{\Delta \theta}=D_\alpha+D_\beta+D_P \quad (4-14)$$

其中，D 为剔除经济因素后的脱钩努力指数；D_α、D_β、D_P 分别为农业生产效率、内部结构、人口规模因素对碳排放与经济脱钩关系的努力程度。换句话说，就是剔除因经济增长而引起的碳排放量的增加后，只有当碳减排努力大于或等于碳排放的增加时，才是有效的，即当 $D \geq 1$ 时，为强脱钩效应；当 $0<D<1$ 时，为弱脱钩效应；而当 $D \leq 0$ 时，为无脱钩效应。

（二）脱钩结果分析

基于 Tapio 脱钩模型对全国各地区农业碳排放与经济增长进行了脱钩分析，得到相关的脱钩弹性指数 ε。为保证分析的全面性，将时间进行分段，即"九五"后期（2000—2001年）、"十五"期间（2001—2005年）、"十一五"期间（2006—2010年）、"十二五"期间（2011—2015年）以及"十三五"初期，具体情况如表4-5所示。

首先，从全国层面看，从"九五"后期到"十五"期间的脱钩状态为扩张连接状态，脱钩弹性指数 ε 分别为0.93和0.86；但在"十一五"（2006—2010年）和"十二五"期间（2011—2015年）农业碳排放与经济增长的脱钩关系得到了有效改善，脱钩弹性指数分别下降到0.70和0.32，呈现出弱脱钩状态；并在"十三五"初期进一步得到改善，达到了强脱钩状态。这表明自"十一五"以来，我国农业碳排放与经济增长呈现出稳步脱钩关系，这可能是因为21世纪以来，我国大力推行了标准化、现代化、机械化的低碳减排的生产方式，使得农业发展实现减排增效。

其次，从分区特征来看，"九五"后期西南地区为强负脱钩状态，华南地区和华北地区呈现扩张负脱钩状态，华东地区为扩张连接状态，但东北、华中以及西北地区呈现出弱脱钩状态；"十五"期间，华中地区的脱钩状态恶化为扩张连接状态，而西南地区和华南地区的状态得到改善，其他地区的脱钩状态保持不变；"十一五"期间，华北地区呈现出了强脱钩状态，东北地区和西北地区的脱钩状态均下降到扩张负脱钩状态，华中地区和华南地区均为扩张连接状态，西南地区表现为弱脱钩状态；"十二五"期间，各区域的脱钩状态均有显著改善，西北地区呈现扩张连接状态，华东地区为强脱钩状态，其他区域均为弱脱钩状态；"十三五"初期，华北、东北、华东和华中地区的脱钩状态得到进一步改善，均为强脱钩状态，而西南、西北和华南地区呈现弱脱钩状态。可以看出，自2001年以来，东部和中部地区的低碳农业发展较好，并且其粗放的农业耕作方式在不断改善，且效果显著，尤其是华东地区和华中地区，在农业生产的过程中碳减排效果显著，且与经济增长的脱钩关系较为稳定；而西部地区和南部地区在2005年以前，农业经济大发展对生产资料投入的依赖度较高，但随着"十一五"的到来，国家财政扶持以及技术的引进，依赖程度才得以好转，但仍落后于东部和中部地区。

最后，从省际层面看，北京地区的脱钩状态保持良好，这得益于北京市作为我国的政治文化中心，更早对环境的重视，关于减少碳排放的政策及措施较多，通过淘汰大量的落后技术，促进现代化低碳农业发展，但在"十二五"期间和"十三五"初期出现了衰退脱钩现象，这可能是因为随着北京市的规划和发展，农业逐步向周边其他地区转移，造成本市农业生产资料投入和农业经济同时减少的情况；其他地区从"九五"后期到"十一五"期间的波动较大，尤其是天津、吉林、上海、福建、江西、湖北、贵州、陕西、新疆和广东等地区，从时间跨度来看均没有连续两个时期的脱钩状态保持连续的，但在"十三五"前期，除西藏外的各地区均呈现出弱脱钩或强脱钩状态。这表明全国各地区的低碳农业经济发展趋势良好，农业碳排放与农业经济的脱钩情况有较好的发展趋势，但西藏地区要更加重视低碳农业的发展，在保证农业经济增长的同时，也要重视环境的保护。

表4-5　2000—2016年各地区农业碳排放与经济增长的脱钩情况

地区	2000—2001	2001—2005	2006—2010	2011—2015	2015—2016	地区	2000—2001	2001—2005	2006—2010	2011—2015	2015—2016
全国	3	3	2	2	1	华中	2	3	3	2	1
华北	4	4	1	2	1	河南	3	2	2	2	1

地区	2000—2001	2001—2005	2006—2010	2011—2015	2015—2016	地区	2000—2001	2001—2005	2006—2010	2011—2015	2015—2016
北京	1	1	1	8	8	湖北	1	4	3	1	1
天津	4	5	2	1	1	湖南	2	3	2	2	1
河北	3	4	1	2	1	**西南**	5	3	2	2	2
山西	6	2	2	2	1	重庆	4	2	2	2	1
内蒙古	5	4	4	4	2	四川	6	2	2	2	1
东北	2	2	4	2	1	贵州	8	3	2	2	2
辽宁	2	2	4	2	6	云南	4	3	3	2	2
吉林	4	2	4	2	2	西藏	4	5	4	4	5
黑龙江	2	2	4	2	1	**西北**	2	2	4	3	2
华东	3	3	2	1	1	陕西	1	2	4	2	2
上海	1	7	8	8	6	甘肃	2	2	4	3	1
江苏	2	2	2	1	1	青海	1	2	2	3	1
浙江	4	2	2	2	1	宁夏	2	2	3	2	2
安徽	4	4	2	2	1	新疆	4	3	4	3	2
福建	2	3	2	2	2	**华南**	4	2	3	2	2
江西	1	4	3	2	1	广东	4	2	3	2	2
山东	3	3	1	1	1	广西	3	3	2	2	2
						海南	2	4	4	2	1

五、各地区农业碳排放的脱钩努力指数

图4-7表示的是2000—2016年各区域生产效率、结构因素和人口规模对农业碳减排的脱钩努力情况。可以看出，结构因素和人口规模对各地区的碳减排均作出脱钩努力，且人口规模的努力程度在各地区中均最大，尤其在华东地区最大，而结构因素在华北地区最显著；虽然西北和华南地区结构因素的脱钩努力程度不显著，但也不可忽视；

而生产效率除了在西南地区未作出脱钩努力外，在其他地区均作出显著的脱钩努力。

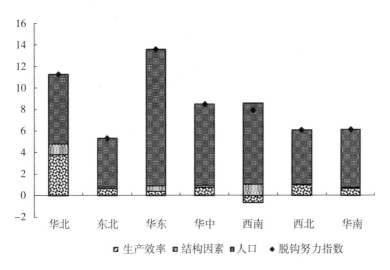

图 4-7　2000—2016 年各区域农业碳减排脱钩努力指数

　　图 4-8 表示的是 2000—2016 年各地区的农业碳排放脱钩努力指数。总体来看，除上海和西藏并未作出脱钩努力外，其他地区在剔除经济增长因素后的脱钩努力均较为明显，尤其是北京、浙江、山东、四川、广东这五个地区的脱钩努力指数达到了 3.00 及以上，而天津、甘肃、宁夏、海南的脱钩努力指数较小，未达到 1.00。结合地区特征和分解因素来看，人口规模对内蒙古和新疆的脱钩努力最显著，但在北京并不明显，甚至在上海和西藏出现了负努力指数，说明我国人口调控能够在一定程度上起作用；生产效率因素对脱钩努力指数的影响次之，在北京有明显的强脱钩努力效果，但在内蒙古、上海、西藏以及新疆地区脱钩努力指数为负，并未作出脱钩努力；农业结构因素的影响最小，并在陕西和广东出现负脱钩努力，说明我国农业内部结构

的调整的作用不明显。

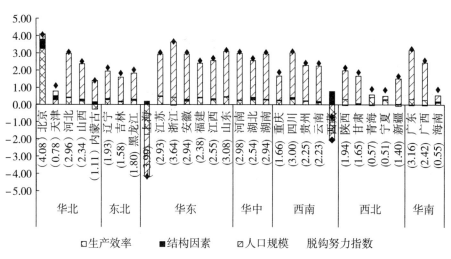

图4-8 2000—2016年各地区农业碳排放脱钩努力指数

第三节 我国畜牧业碳排放时空特征分析

一、我国畜牧业碳排放情况

根据对我国畜牧业碳排放总量的测算发现，1993—2016年我国畜牧业的碳排放总量存在上升趋势，2016年畜牧业的碳排放量为10721.19万吨，较1993年的8864.23万吨增加了1856.96万吨，年均增长速度为0.93%，但期间的波动幅度较大。

根据图4-9发现，在畜牧业碳排放的贡献方面，非奶牛的贡献最大，虽然其贡献程度呈现下降趋势，在2016年仍然对碳排放总量的贡献率达到40.84%；猪的贡献第二，其贡献度逐年上升，并在2016年由1993年的18.04%增长到27.02%；山羊和绵羊对碳排放的贡献持平，从 1993 年的 7.00% 左右至 2016 年均超过 8.00%。虽然奶牛、兔、马、驴、骡、骆驼和家禽的贡献度较小，但也是不可忽视的重要因素，尤其是奶牛方面，其占比从 1993 年 2.24% 至 2015 年增长到了8.48%，增长速度最快，因此应该对畜牧养殖业推行规模集约化养殖方式，同时对粪便和其他垃圾进行无害化处理，从而实现低碳养殖。

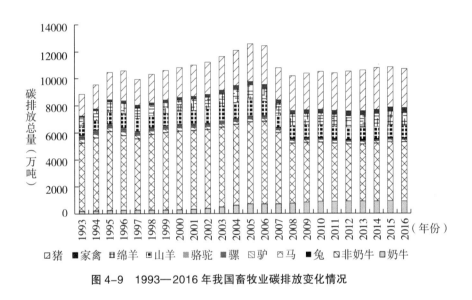

图 4-9　1993—2016 年我国畜牧业碳排放变化情况

二、各地区畜牧业碳排放时序差异分析

由于 2016 年数据缺失，加上兔子整体的碳排放量对整体影响不大，可忽略不计。通过测算 2016 年各地区畜牧业碳排放总量可知，四川的畜牧业碳排放对全国的贡献度最大，占比达到 8.05%，其次是河南，占比为 7.85%，而最低的为上海，仅占比 0.14%。在各地区畜牧业的碳排放结构方面，虽然大部分地区的非奶牛比例最大，但北京、上海地区的奶牛碳排放的占比远远高于非奶牛的碳排放占比，因此地区间的碳排放构成存在差异性，在各地区间实现畜牧业减排的方

法应该有所差异。

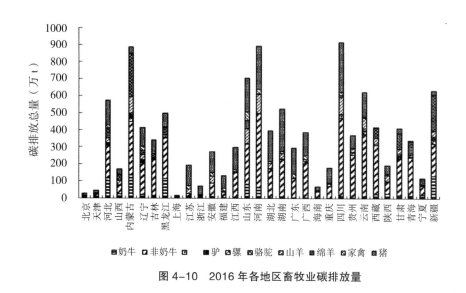

图 4-10　2016 年各地区畜牧业碳排放量

第四节　我国农业碳汇时空特征分析

一、我国主要农作物碳汇情况

根据表 4-6 数据显示，2015 年我国主要农作物碳汇总量为 80994.75 万吨，与 1991 年相比增加了近 50%，年均增长率为 1.71%。2015 年数据显示粮食作物、经济作物的碳汇实现量分别占总碳汇的 80.90% 和 19.10%，由此推断，就我国而言，粮食作物对农作物碳汇总量的影响大于经济作物。而粮食作物的碳汇总量自 2004 年后均保持增长，在 2015 年实现了 65526.87 万吨，较 1991 年增加了 22039.98 万吨；而经济作物的碳汇总量则是处于一个不稳定状态，经过近 25 年的发展，其碳汇总量只比 1991 年的经济作物碳汇总量增加了 4948.15 万吨。至 2015 年的主要农作物碳汇强度也由 1991 年的 5.39

吨/公顷上升至 7.27 吨/公顷。

表 4-6 1991—2015 年我国主要农作物碳汇、比重

年份	粮食作物			经济作物			合计		强度
	总量（万吨）	比重（%）	增速（%）	总量（万吨）	比重（%）	增速（%）	总量（万吨）	增速（%）	吨/公顷
1991	43486.89	80.52	—	10519.73	19.48	–	54006.62	–	5.39
1992	44077.13	80.93	1.36	10385.45	19.07	–1.28	54462.57	0.84	5.46
1993	45847.55	83.10	4.02	9324.48	16.90	–10.22	55172.03	1.30	5.57
1994	44535.90	82.63	–2.86	9361.88	17.37	0.40	53897.77	–2.31	5.43
1995	46976.56	82.29	5.48	10107.03	17.71	7.96	57083.59	5.91	5.68
1996	50892.37	83.24	8.34	10250.45	16.76	1.42	61142.82	7.11	5.99
1997	50132.79	81.47	–1.49	11400.27	18.53	11.22	61533.07	0.64	5.96
1998	52087.54	81.51	3.90	11813.68	18.49	3.63	63901.22	3.845	6.13
1999	51878.51	83.20	–0.40	10473.56	16.80	–11.34	62352.07	–2.42	5.95
2000	46756.53	81.92	–9.87	10322.12	18.08	–1.45	57078.65	–8.46	5.45
2001	46041.33	79.96	–1.53	11539.82	20.04	11.80	57581.15	0.88	5.52
2002	46487.97	78.39	0.97	12818.52	21.61	11.08	59306.49	3.00	5.72
2003	43860.71	78.16	–5.65	12256.85	21.84	–4.38	56117.56	–5.38	5.50
2004	48088.21	78.76	9.64	12970.68	21.24	5.82	61058.89	8.81	5.93
2005	49809.17	79.88	3.58	12547.59	20.12	–3.26	62356.76	2.13	5.99
2006	52024.08	78.66	4.45	14114.47	21.34	12.49	66138.54	6.06	6.49
2007	52293.47	76.94	0.52	15675.16	23.06	11.06	67968.64	2.77	6.61
2008	55351.97	76.66	5.85	16856.60	23.34	7.54	72208.57	6.24	6.90
2009	55600.22	78.22	0.45	15480.16	21.78	–8.17	71080.38	–1.56	6.69
2010	57258.02	79.16	2.98	15077.17	20.84	–2.60	72335.18	1.77	6.72
2011	59950.62	79.11	4.70	15827.97	20.89	4.98	75778.59	4.76	6.97
2012	61975.29	78.61	3.38	16864.98	21.39	6.55	78840.27	4.04	7.2

续表

年份	粮食作物			经济作物			合计		强度
	总量（万吨）	比重（%）	增速（%）	总量（万吨）	比重（%）	增速（%）	总量（万吨）	增速（%）	吨/公顷
2013	63386.06	78.89	2.28	16963.50	21.11	0.58	80349.57	1.91	7.28
2014	63881.74	79.45	0.78	16520.29	20.55	−2.61	80402.03	0.07	7.25
2015	65526.87	80.90	2.58	15467.88	19.10	−6.37	80994.75	0.74	7.27
年均增速：1.71				平均强度：6.20					

（一）我国主要农作物碳汇量时序特征分析

我国主要农作物碳汇总量主要依赖于粮食作物的碳汇量的增加或减少，而经济作物碳汇总量的变化保持近水平的状态，增长趋势并不明显。我国主要农作物碳汇总量的变化趋势在1991—2003年呈现出不稳定状态，在1991—1993年虽然变化微小但也呈现出上升状态，但在1994年略有下降，不过下降趋势并没有持续，而是在接下来的4年时间（即1994—1998年）实现了总量的持续增长，然而在1998—2003年5年时间里，碳汇总量又出现了下降和微弱上升趋势，以至于在2003年碳汇总量只有56117.56万吨。2003—2015年的这一阶段，我国农作物碳汇总量除了2009年较前一年略有下降外，均保持持续稳定的正增长状态，这一阶段的年均增长比1991—2004年的年均增长高出2.73%，但是自2012—2015年期间，我国主要农作物的碳汇总量增长并不明显，尤其是2014年和2015年，两年的增速分别是0.07%、0.74%。由此可见，我国的农作物碳汇水平正处于瓶颈期。在过去近25年的时间里，虽然我国主要农作物碳汇总量存在波动，但总体来看，发展趋势是良好的，若能够加大农业投资，促进农业发

展，尤其是粮食作物的种植，将对我国主要农作物碳汇总量的上升起
到一定推动作用。

碳汇量（万吨）

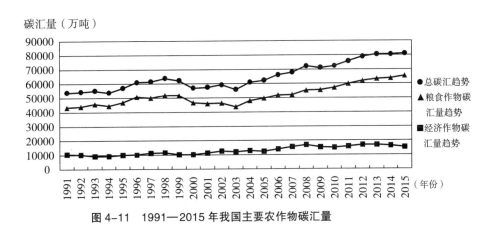

图 4-11　1991—2015 年我国主要农作物碳汇量

农作物可以分为两大类，即粮食作物和经济作物。粮食作物主
要包括水稻、小麦、谷物类、豆类、薯类等；经济作物则包括花生、
棉花、烟草、甘蔗、甜菜等。而农作物碳汇分为粮食作物碳汇和经
济作物碳汇。由表 4-6 和图 4-11 可知，在过去近 15 年的时间里，
两者处于上升阶段，但上升的幅度略有不同。其中，粮食作物的变
动幅度较大而经济作物变动较为平缓，但从总体来看，两者的年均
增长速度相差无几。但由于两者在主要农作物中的比重不同，导致
其对主要农作物碳汇总量的影响程度不同。由图 4-12 分析可知，虽
然粮食作物在总碳汇效应中所占的比例保持在 80% 左右，结合图
4-11 分析可知，在 2005—2008 年我国主要农作物碳汇总量增长幅
度是历年来最大的，年均增速 4.3%，但在这四年期间，粮食作物的
碳汇量在总碳汇量中的比重处于下降阶段，相应的经济作物的比重
上升，可见，经济作物在农业中的地位越来越重要。而在此之后，

粮食作物的比重略有回升，但主要农作物碳汇总量的增长幅度并不明显，由前文可知，2012—2015 年期间，我国主要农作物的碳汇总量增长并不明显。

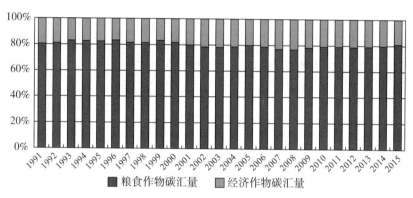

图 4-12　1991—2015 年我国主要农作物碳汇结构比

（二）我国主要农作物农业碳汇强度时序特征分析

图 4-13 将 1991—2015 年我国主要农作物碳汇强度的变化趋势呈现出来。近 25 年以来，我国主要农作物的碳汇强度虽然有一定的波动，但波动的幅度较小，总体上有所上升，从 1991 年的 5.39 吨 / 公顷上升到了 2015 年的 7.27 吨 / 公顷。根据其演变过程大致可以分为三个上升阶段：第一阶段（1991—1998 年），除了在 1994 年和 1997年均出现小幅度的下降，其他年份都处于上升阶段，在 1998 年实现了 6.13 吨 / 公顷的强度；第二阶段（1998—2003 年），这一阶段可以称作是我国主要农作物碳汇强度的"瓶颈期"，自 1998 年上升至 6.13吨 / 公顷后，我国主要农作物碳汇强度呈现出了下降趋势，在 1998—2000 年经历了两年的下降后，碳汇强度降至 5.45 吨 / 公顷，下降幅度达 11.09%，并在之后直至 2003 年，每年以不超过 4.00% 的幅度上下

变动，使得主要农作物的碳汇强度进入了一个"上不去，下不来"的尴尬阶段；第三阶段（2003—2015 年），可以称作是我国主要农作物碳汇强度的"春天"，尤其是在 2003—2008 年期间逐年上升，碳汇强度由 2003 年的 5.50 吨 / 公顷，上升至 6.90 吨 / 公顷，上浮 25.45%，但在 2009 年出现了小幅度地下降，此后逐年上升，在 2015 升至 7.27 吨 / 公顷，较 1991 年上升了 34.88%。

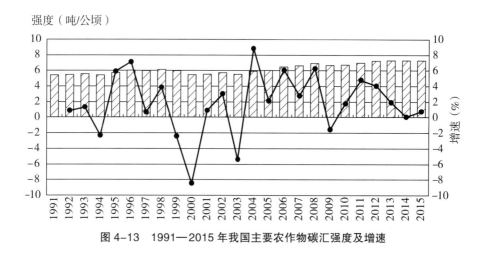

图 4-13　1991—2015 年我国主要农作物碳汇强度及增速

（三）我国主要农作物碳汇空间特征分析

从 2015 年我国 31 个省（自治区、直辖市）主要农作物的碳汇对比分析来看，排在前十的有广西（8279.86 万吨）、河南（7667.32 万吨）、黑龙江（6879.09 万吨）、山东（6086.40 万吨）、安徽（4062.91 万吨）、河北（4061.95 万吨）、吉林（4046.56 万吨）、江苏（3734.28 万吨）、云南（3716.47 万吨）、新疆（3615.52 万吨），这十个地区主要农作物的碳汇总量占全国 80825.21 万吨的 64.52%；而倒数十名分别是重庆（1076.86 万吨）、浙江（766.35 万吨）、福建（662.06 万吨）、海南（411.16万吨）、宁夏（398.27万吨）、天津（223.30万吨）、上海（106.23万吨）、青海（91.69万吨）、北京（73.65万吨）、西藏（32.86万吨），占全国总量的0.33%。其中，排名第一的广西是倒数第二的北京的112.42倍，由此可见，地区的不同，其碳汇总量的差距甚大。且在各省（自治区、直辖市）中有近一半（40%）低于全国平均水平，但其数据表明，排名靠前的地区农业规模较大或发展状况较为良好，因此其农作物碳汇总量较大。见表4-7。

表4-7 我国各省（自治区、直辖市）粮食及经济作为碳汇情况

地区	粮食作物		经济作物		总计		强度
	总量（万吨）	比重（%）	总量（万吨）	比重（%）	总量（万吨）	排名	吨/公顷
北京	73.13	0.99	0.52	0.01	73.65	30	4.24
天津	211.29	0.95	12.01	0.05	223.30	27	4.76
河北	3859.45	0.95	202.50	0.05	4061.95	6	4.65
山西	1408.01	0.99	11.50	0.01	1419.51	18	3.77
内蒙古	3115.87	0.96	139.23	0.04	3255.10	12	4.30
辽宁	2152.23	0.98	52.03	0.02	2204.26	16	5.22
吉林	3983.62	0.98	62.94	0.02	4046.56	7	7.13
黑龙江	6863.75	1.00	15.34	0.00	6879.09	3	5.60
上海	105.48	0.99	0.75	0.01	106.23	28	3.12
江苏	3636.44	0.97	97.84	0.03	3734.28	8	4.82
浙江	695.66	0.91	70.69	0.09	766.35	23	3.35
安徽	3837.11	0.94	225.80	0.06	4062.91	5	4.54
福建	581.03	0.88	81.03	0.12	662.06	24	2.84
江西	1971.97	0.92	164.03	0.08	2136.00	17	3.83
山东	5505.35	0.90	581.05	0.10	6086.40	4	5.52
河南	7057.32	0.92	610.00	0.08	7667.32	2	3.66

续表

地区	粮食作物		经济作物		总计		强度
	总量（万吨）	比重（%）	总量（万吨）	比重（%）	总量（万吨）	排名	吨/公顷
湖北	2668.02	0.92	241.08	0.09	2909.10	14	3.40
湖南	2786.35	0.94	175.14	0.06	2961.49	13	5.54
广东	1224.2	0.46	1426.26	0.54	2650.46	15	13.50
广西	1458.29	0.18	6821.57	0.82	8279.86	1	4.86
海南	161.22	0.39	249.94	0.61	411.16	25	3.01
重庆	1048.47	0.97	28.39	0.03	1076.86	22	4.01
四川	3292.32	0.96	122.27	0.04	3414.59	11	3.52
贵州	1069.82	0.86	180.57	0.14	1250.39	20	2.26
云南	1894.96	0.51	1821.51	0.49	3716.47	9	5.17
西藏	32.86	1.00	0.00	0.00	32.86	31	1.3
陕西	1359.58	0.98	34.57	0.02	1394.15	19	2.25
甘肃	1207.21	0.98	30.16	0.02	1237.37	21	2.93
青海	91.69	1.00	0.00	0.00	91.69	29	1.64
宁夏	398.11	1.00	0.16	0.00	398.27	26	3.15
新疆	1776.61	0.49	1838.91	0.51	3615.52	10	6.28

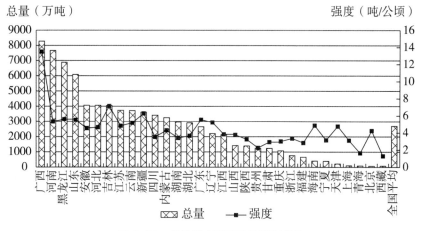

图 4-14　各地区主要农作物碳汇总量

根据上文分析可知，就全国情况而言，粮食作物所实现的碳汇量在我国主要农产品碳汇总量中具有重要地位，其所占比重超过80%。通过整理和分析2015年全国31个省（自治区、直辖市）的数据可知，其中粮食作物实现的碳汇量超过90%的有24个，仅有广东（46%）、广西（18%）、海南（39%）、新疆（49%）四个省、自治区、直辖市低于50%。广西作为主要农作物碳汇总量第一的地区，其粮食作物和经济作物所实现碳汇的比重分别是18%、82%。由此可见，经济作物碳汇量对碳汇总量的影响越来越重要，在提升农作物碳汇总量时，除了考虑粮食作物的耕种面积和产量外，还要优化经济作物的结构。

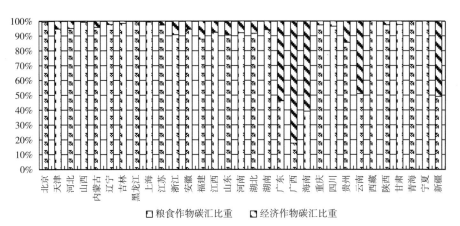

图4-15　2015年我国各省（自治区、直辖市）粮食作物及经济作物碳汇比重

二、我国林地、草地碳汇分析

（一）我国林地、草地碳汇时序特征分析

通过分析我国2000—2015年林地、草地数据可知，由于林地和草地的碳汇总量和其面积大小有直接联系，所以通过分析面积的变化，就可以客观得出碳汇量的变化趋势。首先林地面积及其碳汇方

面，总体来看，在2000—2015年期间，我国林地的总面积由2000年的22878.9万公顷增加到了2015年的25300.0万公顷，林地碳汇总量也从11210.66万吨增加到12397.00万吨，面积和碳汇量均增加了10.58%。但数据显示，我国林地面积的增加并不是以稳定的增速增加，在2000—2007年一直保持着0.45%的年均增长速度，在2007—2008年出现了微小的下降，使得2008年的林地碳汇量较2007年下降了0.01%，紧接着在2008—2009年期间出现了一定幅度的增长（7.56%），使得我国的林地碳汇量增加到了12443.55万吨，但2009—2015年期间，我国的林地面积出现了年均速度为0.06%的下降趋势，使得我国的林地面积较2009年减少了95万公顷，碳汇量减少了46.55万吨。其次草地面积及碳汇方面，2015年较2000年我国的草地面积下降了4436.9万公顷，导致草地碳汇量减少93.17万吨，减少约16.82%，实际上我国的草地面积除了在2000—2001年期间增加了0.03%外，接下来的2001—2015年持续减少，导致草地碳汇量以年均1.21%的速度减少，尤其是在2008—2009年期间，下降了近16.08%，之后一直保持低速稳定减少。见表4-8。

表4-8　2000—2015年我国林地、草地的面积和碳汇

年份	林地			草地			合计	
	面积（万公顷）	碳汇（万吨）	增速（%）	面积（万公顷）	碳汇（万吨）	增速（%）	总量（万吨）	增速（%）
2000	22878.9	11210.66	—	26376.9	553.91	—	11764.58	—
2001	22919.1	11230.36	0.18	26384.6	554.08	0.03	11784.44	0.17
2002	23072.0	11305.28	0.67	26352.2	553.40	−0.12	11858.68	0.63
2003	23396.8	11464.43	1.41	26311.2	552.54	−0.16	12016.97	1.33

续表

年份	林地			草地			合计	
	面积 （万公顷）	碳汇 （万吨）	增速 （%）	面积 （万公顷）	碳汇 （万吨）	增速 （%）	总量 （万吨）	增速 （%）
2004	23504.7	11517.30	0.46	26270.7	551.68	−0.15	12068.99	0.43
2005	23574.1	11551.31	0.30	26214.4	550.50	−0.21	12101.81	0.27
2006	23612.1	11569.93	0.16	26193.2	550.06	−0.08	12119.99	0.15
2007	23611.7	11569.73	0.00	26186.5	549.92	−0.03	1219.65	0.00
2008	23609.2	11568.51	−0.01	26183.5	549.85	−0.01	12118.36	−0.01
2009	25395.0	12443.55	7.56	21972.1	461.41	−16.08	12904.96	6.49
2010	25376.6	12434.53	−0.07	21967.2	461.31	−0.02	12895.85	−0.07
2011	25356.0	12424.44	−0.08	21961.5	461.19	−0.03	12885.63	−0.08
2012	25339.7	12416.45	−0.06	21956.5	461.09	−0.02	12877.54	−0.06
2013	25325.4	12409.45	−0.06	21951.4	460.98	−0.02	12870.43	−0.06
2014	25307.1	12400.48	−0.07	21946.6	460.88	−0.02	12861.36	−0.07
2015	25300.0	12397.00	−0.03	21940.0	460.74	−0.03	12857.74	−0.03

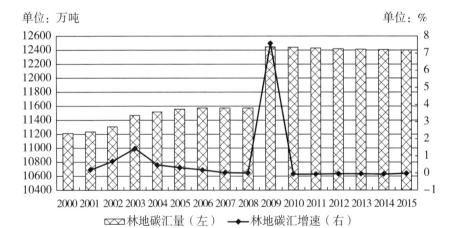

图4-16　2000—2015年我国林地碳汇量、增速

单位：万吨　　　　　　　　　　　　　　　　　　　　单位：%

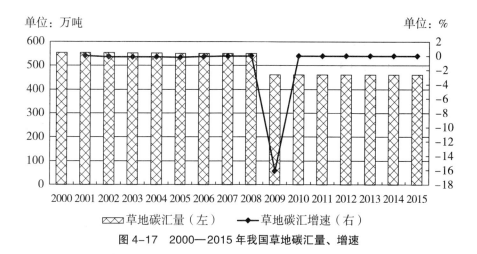

图 4-17　2000—2015 年我国草地碳汇量、增速

单位：万吨　　　　　　　　　　　　　　　　　　　　单位：%

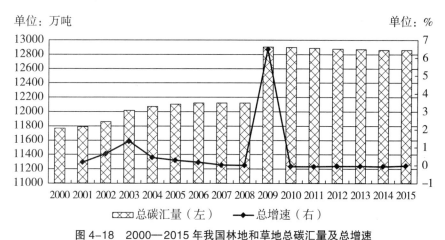

图 4-18　2000—2015 年我国林地和草地总碳汇量及总增速

　　根据对林地和草地碳汇分析，可以推算出 2000—2015 年林地、草地碳汇总量的变化趋势。首先，总碳汇量与林地的碳汇变化趋势及增速大致相同，其主要原因在于 2000—2008 年期间，林地碳汇量的变化幅度较大，而草地碳汇量虽然逐年下降，但是其变化幅度微小，以至于对总碳汇量的影响不明显。其次，虽然在 2009 年我国林地碳汇量增加了 7.56%，但草地碳汇量出现了 16.08% 的减少，使得整体的 2009 年的总碳汇量较上一年只增加了 6.49%；紧接着 2010 年林地

碳汇量较上一年减少 0.07%，草地碳汇量则减少了 0.02%，而总碳汇量减少了 0.07%，直至 2015 年，总碳汇量的增减幅度都与林地碳汇量的增减幅度大致相同。由此可以推断出，草地碳汇在整个总碳汇量中的地位并不明显，主要原因可能是我国草地面积过小，导致其所实现的碳汇作用不显著。

（二）我国林地、草地碳汇空间特征分析

表 4-9　2015 年我国各省（自治区、直辖市）林地、草地碳汇量及比重

地区	林地		草地		总计（万吨）
	碳汇量（万吨）	比重（%）	碳汇量（万吨）	比重（%）	
北京	36.12	99.9988	0.0004	0.0012	36.1204
天津	2.69	100.0000	0.0000	0.0000	2.6900
河北	225.51	99.6273	0.8436	0.3727	226.3536
山西	238.01	99.9702	0.0710	0.0298	238.0810
内蒙古	1138.58	91.6266	104.0498	8.3734	1242.6298
辽宁	275.24	99.9976	0.0067	0.0024	275.2467
吉林	433.89	99.8853	0.4981	0.1147	434.3881
黑龙江	1069.32	99.7852	2.3022	0.2148	1071.6222
上海	2.29	100.0000	0.0000	0.0000	2.2900
江苏	12.62	99.9983	0.0002	0.0017	12.6202
浙江	276.69	99.9998	0.0006	0.0002	276.6906
安徽	183.75	99.9994	0.0011	0.0006	183.7511
福建	408.48	99.9998	0.0006	0.0002	408.4806
江西	506.39	99.9997	0.0015	0.0003	506.3915
山东	72.99	99.9833	0.0121	0.0167	73.0022
河南	170.11	99.9996	0.0006	0.0004	170.1106
湖北	421.47	99.9990	0.0042	0.0010	421.4742
湖南	598.54	99.9953	0.0284	0.0047	598.5684

地区	林地		草地		总计（万吨）
	碳汇量（万吨）	比重（%）	碳汇量（万吨）	比重（%）	
广东	492.68	99.9987	0.0065	0.0013	492.6865
广西	652.17	99.9983	0.0109	0.0017	652.1809
海南	58.75	99.9357	0.0378	0.0643	58.7878
重庆	186.55	99.9488	0.0956	0.0512	186.6456
四川	1085.77	97.9245	23.0129	2.0755	1108.7829
贵州	438.02	99.9652	0.1525	0.0348	438.1725
云南	1128.00	99.9726	0.3093	0.0274	1128.3093
西藏	785.30	84.1014	148.4538	15.8986	933.7538
陕西	548.86	99.1734	4.5749	0.8266	553.4349
甘肃	298.87	96.0061	12.4333	3.9939	311.3033
青海	173.53	66.9409	85.6987	33.0591	259.2287
宁夏	37.58	92.2947	3.1374	7.7053	40.7174
新疆	439.20	85.4078	75.0385	14.5922	514.2385

就 2015 年我国各省（自治区、直辖市）的林地、草地碳汇量情况来看，林地碳汇量所占的平均比重高达 97.18%。甚至在天津、上海出现了全林地碳汇现象，除了内蒙古、四川、西藏、甘肃、青海、宁夏、新疆外，其他地区的林地碳汇量占比都高于 99.00%。其中，由于青海地区地处高原地带，草地面积是林地面积的 11.52 倍，但草地碳汇量只有林地碳汇的 49.39%，占比 33.06%。类似，新疆的草地面积是林地面积的近 4 倍，但其碳汇量只是林地碳汇量的 17.09%；西藏的草地面积是林地面积的 11.59 倍，其碳汇量却只是林地碳汇量的 18.90%。可见，草地碳汇的实现量的作用相当小，但为了维持生态的平衡和畜牧业的发展，草地又是不可或缺的一部分。

表 4-10　2015 年我国林地碳汇量、草地碳汇量地区分布

林地					草地			
碳汇量 / 万吨					碳汇量 / 万吨			
800>	600—800	400—600	200—400	0—200	100>	50—100	1—50	0—1
内蒙古 黑龙江 四川 云南	广西 西藏	吉林 福建 江西 湖北 湖南 贵州 广东 陕西	河北 山西 辽宁 浙江 甘肃	北京 天津 上海 江苏 安徽 山东 河南 海南 重庆 青海 宁夏	内蒙古 西藏	青海 新疆	黑龙江 四川 陕西 甘肃 宁夏	北京 天津 河北 山西 辽宁 吉林 上海 江苏 浙江 安徽 福建 江西 山东 河南 湖北 湖南 广东 广西 海南 重庆 贵州 云南

各省（自治区、直辖市）由于自然资源禀赋和地区间经济发展的差异，导致林地、草地碳汇量之间也存在着差异。由表 4-10 可知，林地碳汇量高的省份分布在西部地区和东北地区，基本上都在中国的边疆地区，林地碳汇量最多的内蒙古自治区，是林地碳汇量最少的上海市的 500 多倍。草地碳汇量多的省份均为西部地区，以黑龙江—云南一线为分界，以西草地碳汇量较为丰富，以东草地碳汇量均小于 1 万吨。

三、2000—2015 年农业总碳汇

总体来说，2000—2015 年我国农业碳汇总量实现了增加，就 2015 年和 2000 年数据对比来看，2015 年较 2000 年提高了 36.33%，增加总量为 25009.27 万吨。我国农业总碳汇量的年均变动幅度较为平稳，没有出现较大波动。2002—2003 年出现明显下降趋势，主要原因在于占据农业总碳汇量的两大部分，即粮食作物碳汇、经济作物碳汇在这期间出现了下降趋势，尤其是 2003 年占据总碳汇量 64.37% 的

粮食作物，其较前一年下降了5.65%（2627.26万吨），在2003—2015年我国农业总碳汇量呈现出了逐年上升的现象。事实上，在2003—2015年期间，除粮食作物外，经济作物、林地和草地碳汇都出现下降的情况，其中草地碳汇量自2003年以后呈现了逐年减少的现象，而林地碳汇量也只有在2009年较上一年实现增加，经济作物碳汇量也是有近一半的时间是在下降的。但由于粮食作物年均所占比重超过50%（高达66.81%），其对整个农业碳汇量的影响是极大的。

表4-11　我国农业碳汇及各项比重

单位：万吨、%

年份	粮食作物		经济作物		林地		草地		合计
	碳汇量	比重	碳汇量	比重	碳汇量	比重	碳汇量	比重	碳汇量
2000	46756.53	67.92	10322.12	14.99	11210.66	16.28	553.91	0.80	68843.22
2001	46041.33	66.37	11539.82	16.64	11230.36	16.19	554.08	0.80	69365.59
2002	46487.97	65.32	12818.52	18.01	11305.28	15.89	553.4	0.78	71165.17
2003	43860.71	64.37	12256.85	17.99	11464.43	16.83	552.54	0.81	68134.53
2004	48088.21	65.76	12970.68	17.74	11517.3	15.75	551.68	0.75	73127.87
2005	49809.17	66.90	12547.59	16.85	11551.31	15.51	550.5	0.74	74458.57
2006	52024.08	66.48	14114.47	18.04	11569.93	14.78	550.06	0.70	78258.54
2007	52293.47	65.29	15675.16	19.57	11569.73	14.45	549.92	0.69	80088.28
2008	55351.97	65.64	16856.6	19.99	11568.51	13.72	549.85	0.65	84326.93
2009	55600.22	66.20	15480.16	18.43	12443.55	14.82	461.41	0.55	83985.34
2010	57258.02	67.18	15077.17	17.69	12434.53	14.59	461.31	0.54	85231.03
2011	59950.62	67.62	15827.97	17.85	12424.44	14.01	461.19	0.52	88664.22
2012	61975.29	67.57	16864.98	18.39	12416.45	13.54	461.09	0.50	91717.81
2013	63386.06	68.00	16963.5	18.20	12409.45	13.31	460.98	0.49	93219.99
2014	63881.74	68.50	16520.29	17.71	12400.48	13.30	460.88	0.49	93263.39
2015	65526.87	69.82	15467.88	16.48	12397	13.21	460.74	0.49	93852.49

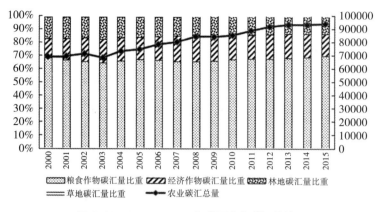

图4-19　2000—2015年我国农业碳汇量情况

四、我国农业净碳排放/净碳汇分析

前几节具体探讨了我国农业碳排放和碳汇的时空特点。在农业碳排放方面，发现农业碳排放在逐年增长，而牲畜养殖的碳排放在2005年达到顶峰后开始下降，到了2008年牲畜养殖所产生的碳排放达到了近16年来的最低值；在农业碳汇方面，林地碳汇和农作物碳汇是逐年增长的，而草地碳汇则呈现微弱地逐年递减趋势。

本书尽管对农业碳汇量进行了细致的分析，但是农作物碳汇量并不适合纳入农业净碳排放/净碳汇量中。首先，虽然农作物在生长过程中不断地汇集了碳，但是一方面农作物所结成的果实通过人们的食用，最终人体又将汇集的这部分碳排放出去；另一方面农民对农作物秸秆传统的处理方法是作为燃料燃烧，然而燃烧秸秆会产生碳排放。其次，如果将农作物碳汇加入农业碳汇的研究中很容易造成碳汇量大量的增加，再加上复种指数越高，农作物的产量越大，使得碳汇量也就越大，从而得出无限地进行翻耕和复种的谬论。这明显与目前主流提倡的休耕、免耕等保护土地的政策相违背。

农业净碳排放是指在一定时间内特定区域的农业活动所产生的碳

吸收输入与碳排放输出的收支情况。其计算公式为：

农业净碳排放 = 农业（种植业）碳排放 + 牲畜养殖碳排放 – 草地碳汇量 – 林地碳汇量

农业净碳汇量 = 草地碳汇量 + 林地碳汇量 – 农业（种植业）碳排放 – 牲畜养殖碳排放

（一）我国农业净碳排放 / 净碳汇量的时序特征分析

从图 4-20、图 4-21 可知，2000—2015 年全国的净碳排放量呈现出"升—降—升"的波动变化，整体是呈现上升的趋势，且与总碳排放的变化趋势大体相同，与总的碳汇量变化相比总碳排放和净碳排放的变化较小。大体可以分为三个阶段：2000—2006 年为第一个阶段，我国农业净碳排放在不断地攀升，到了 2006 年达到最大值 7730.97 万吨，年均增速高达 7.21%，主要由于农用物资在不断地增加，牲畜养殖的面积也在不断地扩大，并且林地碳汇增长的幅度小于农业碳排放和牲畜养殖产生的碳排放增长幅度，草地碳汇在不断减少，这些因素共同导致了净碳排放的增加。第二阶段为 2006—2009 年，净碳排放开始急剧下降至 5578.48 万吨，年均增速为 –10.31%。究其原因，主要是因为牲畜养殖的结构调整以及规模的缩小，牲畜养殖碳排放从 2006 年突然大幅下降，总碳排放量也大幅地下降，总碳汇基本没有变化。2009—2015 年为第三阶段，农业净碳排放呈现缓慢上升趋势，从 5578.48 万吨上升至 7104.05 万吨，年均递增率为 4.11%，相比第一阶段的上升幅度有所下降，该阶段上升的关键因素是农用物资投入量的持续增加。从图 4-21 可以明显看出，在这 16 年中，我国农业净碳排放总量虽然中间有些起伏，经历了"上升—快速下降—缓慢上升"的三个阶段变化，但整体是上升的趋势。基于当前趋势的变化，可以大致判断出未来我国的农业净碳排放将会继续呈现上升的趋势。

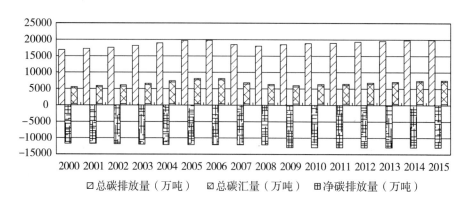

图4-20　2000—2015年全国各省农业碳量

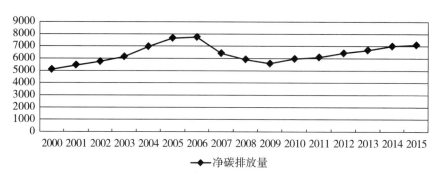

图4-21　2000—2015年净碳排放量趋势图

（二）我国农业净碳排放／净碳汇量的空间特征分析

从2015年我国各省市区农业净碳排放大小排序来看（见图4-22），净碳排放排在前十的是河南（1569.11万吨）、山东（1336.68万吨）、河北（889.15万吨）、江苏（602.17万吨）、安徽（545.94万吨）、辽宁（439.68万吨）、湖北（418.71万吨）、甘肃（380.48万吨）、新疆（371.95万吨）、湖南（286.58万吨）；净碳排放排在后十位的省市区分别是贵州（78.50万吨）、天津（71.57万吨）、浙江（63.35万吨）、江西（19.89

万吨）、陕西（−78.06 万吨）、福建（−81.76 万吨）、内蒙古（−82.40 万吨）、云南（−125.96 万吨）、黑龙江（−236.04 万吨）、西藏（−516.34万吨），其中陕西、福建、内蒙古、云南、黑龙江和西藏的净碳排放量为负值，即当地的农业总碳汇量大于总碳排放量。从地区分别来看，主要集中在中部和东部地区的一些农业大省以及西部畜牧业大省，净碳排放量较大，这说明我国农业生产方式还是一种高投入、高消耗、高污染的生产模式，生产方式较为粗放，低碳农业发展形势较为严峻。

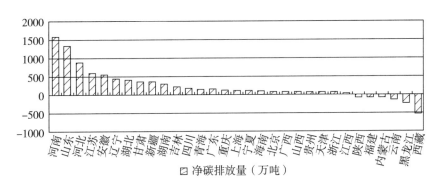

图 4-22　2015 年我国各省市区农业净碳排放量比较分析

进一步将各省市区的净碳排放细分为东部、中部和西部进行比较。从图 4-23 可以看出来，东部净碳排放整体上要高于中部和西部地区，且高于 500 万吨的净碳排放量的省份主要集中在东部和中部地区，西部地区的净碳排放均小于 500 万吨，且大部分净碳排放为负值（即农业总碳汇量大于总碳排放量）的省集中在西部地区。

东部各省份之间差距较大，东南部沿海的一些发达省份以及发达城市净碳排放较少，其原因是这些区域的经济发展迅速且以二三产业为主，导致农业农地较少；而东部的一些传统种植业、畜禽养殖业大省的净碳排放较多，一方面由于经济迅速发展导致林地和草地面积不断减少，另一方面由于农业机械化程度较高，农地集约化带来农资的大量投入，从而引起更多的碳排放。中部 8 个省中，其中 7 个为粮食主产区，种植业发达，农业碳排放较高，并且中部林地和草地面积相对较小，从而使得农业净排放较高。西部各省净排放量较少甚至为负，虽然畜牧业在农业产业结构中占重要地位，但由于西部本身生态环境没有被大量破坏，草地、林地面积大，所以草地、林地产生的碳吸收作用强，再加上有些省份本身的气候和地形不适合大力发展种植业，农业碳排放相对较少。

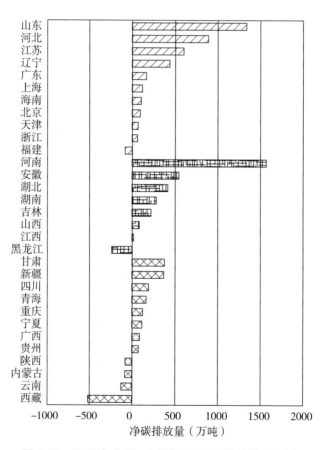

图 4-23　2015 年东部、中部和西部净碳排放量对比分析

五、我国农业净碳排放量/净碳汇量趋势演进分析

（一）Kernel 密度估计方法及其数据来源

核密度估计是在概率论中用来估计未知的密度函数，这种方法的优点是可以避免由模型的设定造成测算值和实际值之间的差异，属于非参数检验方法之一（田云等，2014）。设随机变量的密度函数为 $f(x)$，x 点的概率密度函数为：

$$f(x) = \frac{1}{Nh} \sum_{i=1}^{N} K\left[\frac{X_i - x}{h}\right] \qquad (4-15)$$

式（4-15）中，h 代表宽度，N 代表观测值的个数，$K(\cdot)$ 代表核函数。宽度是用来控制估计密度的平滑程度的。在具体估计时，样本越少，宽度越大，估计就越平滑，但估计偏差就越大。所以宽度的选择应该满足以下公式：

$$\lim_{n \to \infty} h(N) = 0 \qquad (4-16)$$

$$\lim_{N \to \infty} Nh(H) = N \to \infty \qquad (4-17)$$

本书采用的是高斯核函数对我国的农业碳排放的分布动态演进进行估计，其函数公式如下：

$$K(x) = \frac{1}{\sqrt{2\pi}} \exp\left[-\frac{x^2}{2}\right] \qquad (4-18)$$

由于非参数估计无法确定函数的表达式，一般采用图形的形式进行分析，根据图形的形状、位置和变化来进行趋势分析。

本书所使用的农膜、农药、化肥数据均来源于历年《中国环境统计年鉴》，灌溉、农用柴油数据出自《中国农业统计年鉴》，并且均采用当年实际使用量；以当年我国农作物实际播种面积作为翻耕数据，农作物播种面积出自《中国统计年鉴》，耕地增减变动的数据来源于《中国土地资源统计年鉴》。

（二）全国农业净碳排放量/净碳汇量趋势演进分析

对我国 31 个省（自治区、直辖市）的农业净碳排放量进行核密度估计测算。以下分布图中的横轴表示净碳排放量，负值表示净碳汇量，即碳排放量小于碳汇量，正值表示净碳排放量，碳汇量小于碳排放量，纵轴表示核密度。图 4-24 中给出全国的核密度分布情况，系统考察全国农业净碳排放量的地区差距和分布动态研究。

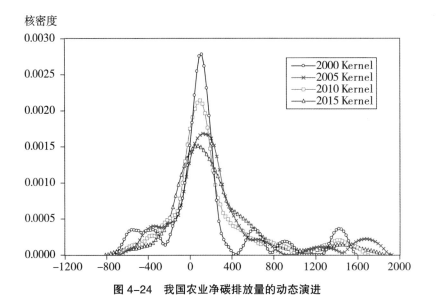

图 4-24　我国农业净碳排放量的动态演进

从整体上来看，峰值呈现出"先降后升再降"的波动趋势，密度函数的中心大致向左偏移，密度函数变化区间虽有波动但也大体由窄变宽，这说明在此考察期间内我国农业净碳排放地区间的差异越来越大，且变化较为强烈则反映了其变化幅度较大；从波峰上来看，从 2000 年的"一主峰四小峰"，逐渐变成了"一主峰一小峰"，最后仅剩一主峰，这说明我国农业净碳排放/净碳汇量由多极化发展成为归一化；具体来看，左侧一小峰逐渐消失，这说明原先有聚集在较高净碳汇的省份逐渐有扩散的趋势，同理，右侧三小峰也逐渐消失，表明各省份逐渐向更高净碳排放水平上扩散。密度函数中心位于正值，且分布曲线右尾长于左尾，这表明全国各省农业大部分是净碳排放，即农业碳排放量大于农业碳汇量，个别省份农业是净碳汇，即农业碳汇大于农业碳排放。

分阶段进行分析，2000 年与 2005 年相比较，峰值大幅下降，分布曲线右尾逐渐向右延伸，变化区间变大，且左侧一小峰和右侧三小峰逐渐变得平缓，密度函数中心有微弱向右移的趋势。这表明在该考察期间内农业净碳排放的地区差距逐渐变大，并且有向较高的净碳排放地区扩散的趋势。对比 2005 年和 2010 年，峰值有明显上升，并且函数密度中心左移，变化区间也有所缩小，但分布曲线左尾和右尾继续变得平缓，这表明在此期间我国各省的农业净碳排放的地区之间的差距有所缩小。相比 2010 年的分布曲线，2015 年的分布曲线的峰值有显著地下降，变化区间也有所变宽，分布曲线的左尾和右尾持续变缓，仅剩一主峰，密度函数中心向左移动，表明在此期间全国的农业净碳排放量的地区差距明显扩大。

究其原因，可能是因为各地区农业发展侧重点有所不同，种植业大省明显农用物资的消耗更多，而畜牧业大省的畜禽养殖所产生的碳排放量显著高于其他省；随着经济快速发展，我国沿海地区农地大面积被开发，建设占用面积增加，而西部地区林地草地资源非常丰富，再加上大部分限制开发区位于西部，生态环境得到了很好的保护，碳汇储量十分丰富。这些原因加总在一起可能就使得各地区农业净碳排放的差距明显扩大。

（三）东部、中部和西部农业净碳排放量/净碳汇量趋势演进分析

1.我国东部地区农业净碳排放的 Kernel 密度估计

图4-25、图4-26和图4-27中的横轴表示净碳排放量/净碳汇量，纵轴表示核密度。图中给出东部、中部和西部的核密度分布图，显示了我国东部、中部和西部农业净碳排放量的地区差距的动态演进趋势。

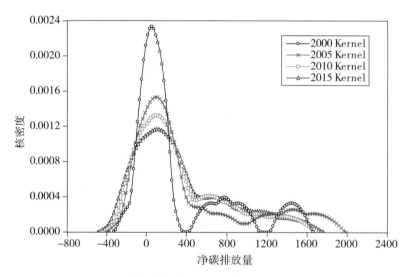

图 4-25　我国东部地区农业净碳排放量的动态演进

图 4-25 整体上描述了我国东部地区农业净碳排放在样本考察期间的演变。整体上，密度中心函数有微弱的右移，峰值呈现明显的下降趋势，由尖峰变为宽峰，变化区间总体上是变宽的，从波峰来看，由2000 年的一主峰和两小峰，右侧小峰逐渐消失，变成 2015 年的仅剩一主峰。这表明我国东部地区的农业净碳排放的地区差距逐渐地扩大。

具体来看，2000 年与 2005 年相比，密度函数峰值直线下滑，主峰变宽，右侧两小峰逐渐变平缓，分布曲线左尾略有抬升，右尾向右

延伸并且有所抬升，变化区间明显变宽，密度函数中心略微向右移动，这说明在此考察期间内我国东部地区各省之间的农业净碳排放量差距有明显扩大；对比 2005 年与 2010 年，密度函数的峰值继续下降，分布曲线左尾有微弱抬升和左移，右尾有明显左移并且出现抬升，变化区间明显变小，密度函数中心没有明显变化，这说明，有较高净碳排放量的地区在减少，但是东部地区农业净碳排放量之间的差距还是在不断扩大；观察 2010 年和 2015 年，发现峰值继续下降，主峰变宽，分布曲线跨度区间略有变小，右尾和左尾抬升，密度函数中心较 2010 年没有发生太大的变化，这说明在此期间我国东部地区的农业净碳排放量的地区差异持续扩大。

可能的原因是，随着社会经济飞速发展，有些东部地区如上海、北京和福建等着重发展二三产业，农业经济发展受到了抑制，农业净碳排放量越来越少。而东部一些农业大省如山东、河北和辽宁等农业持续发展，但农业生产方式还是一种高投入、高消耗、高污染的生产模式，对资源的利用方式没有发生根本转变，农资消耗较大，导致整体净排放量较高，并且有扩大趋势，多重因素促使东部地区农业净碳排放量差距不断增加。

2. 我国中部地区农业净碳排放量的 Kernel 密度估计

通过观察和分析图 4-26，发现总体上密度函数中心是向右偏移，峰值经历了一个"先降后升"的过程，变化区间总体上有微弱扩大趋势，波峰从一主峰两小峰变成一主峰一小峰，右侧小峰逐渐消失，这说明我国中部地区农业净碳排放量的地区差距有变大的趋势，但是变化幅度不明显，一部分在较高净碳汇量聚集的省份出现扩散态势且净碳汇量在减少。

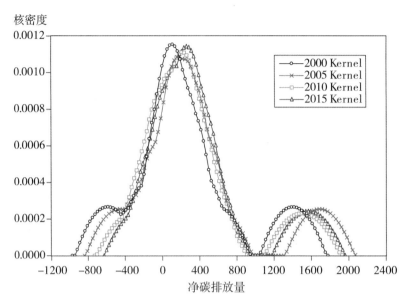

图 4-26　我国中部地区农业净碳排放量的动态演进

　　从各阶段来看，2000 年与 2005 年相比，2005 年的密度函数曲线的峰值有明显下降，并且左小峰变得不明显，分布曲线整体右移，变化区间扩大，这说明在该期间内我国中部地区的农业净碳排放整体上均有所提高，地区间的差距也有所扩大；比较 2005 年与 2010 年，峰值有微弱的提高，左尾继续向右收缩，密度函数中心右移，右侧的小峰出现左移，变化区间有所缩小，这说明在该期间我国中部地区的农业净排放的地区差异有微弱地缩小，在较高净碳排放聚集的地区有所减少；与 2010 年相比，2015 年的分布曲线继续右移，左尾继续右移，峰值出现上升趋势但仍低于 2000 年水平，右侧小峰出现右移区间变化不明显，表明在此期间我国中部地区的农业净排放差距有所缩小但不明显。

　　中部地区净碳汇的省份数量减少，净碳排放水平有增加的趋势，整体上地区差异扩大的趋势不明显，可能的原因是，我国对农资的依赖程度越来越高，大量使用化学制品，虽然对产量有所提高，但是会加大农业的碳排放。

3. 我国西部地区农业净碳排放的 Kernel 密度估计

分阶段来看，与 2000 年相比较，2005 年的分布曲线明显右移，峰值出现下降的趋势，密度函数中心也出现右移，区间变化不大，这表明我国西部地区的农业净碳排放地区差距有所扩大；比较 2005 年与 2010 年，发现密度函数中心有大幅度的左移，峰值有明显的提高，左尾向外延伸，区间变化不大，这说明我国西部地区的农业净碳排放地区差距有所缩小；对比 2010 年和 2015 年，峰值有所增加，左侧形成了一小峰，分布曲线右尾有抬升，且有形成一小峰的趋势，密度函数中心继续左移，变化区间有明显扩大，表明我国西部地区的农业净碳排放地区差距有扩大的趋势，一部分省份在较高净碳汇水平上聚集，一部分省份有向较高净碳排放水平上聚集的趋势。

2000—2005 年，密度函数中心明显右移，向较高的净碳排放水平

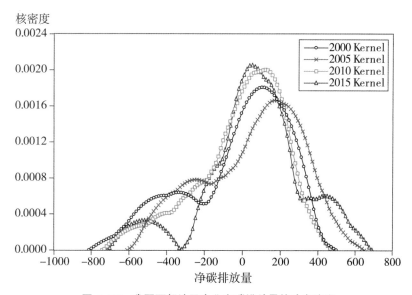

图 4-27　我国西部地区农业净碳排放量的动态演进

聚集，说明我国西部地区净碳排放有明显增长，可能的原因是，西部地区大力发展畜牧业，使得畜牧业碳排放迅速增长；但在 2005 年以后，密度函数中心开始持续左移，且地区间的差距逐渐变小，可能的原因是，2006 年后开始施行西部大开发战略，重点发展草原建设，发展草地畜牧业、旱作节水农业和特色农业，大力地施行退耕还草还林的政策，使得林地、草地产生的碳汇作用不断增强，农资也得到较好的利用。

4. Kernel 密度估计分区比较分析

结合图 4-25、图 4-26 和图 4-27 对比分析发现，从曲线的位置来看，东、中部地区的密度函数在考察期间呈现右移的趋势，而西部地区的密度函数在考察期间呈现"先右移再左移"的趋势，其中，移动较为明显的是西部，东部和中部变化不明显，这说明东部和中部地区净碳排放是上升趋势，西部地区净碳排放总趋势是先上升后下降，且变化幅度较大；从曲线的峰值来看，东部地区的峰值是逐渐下降的，中部和西部地区的峰值是"先降后升"的，这说明各地区净碳排放的分布是各有不同的；从密度函数的中心来看，东部和中部农业净碳排放集中在较高的水平，远远高于西部地区；从变化区间来看，各个地区均是经历了由窄变宽的过程，其中，中部地区变化区间跨度最大，其次是东部，这说明各个地区的净碳排放变化幅度扩大程度不同，但中部地区相比其他地区而言，各省之间的差距较大。

第五节　基于农地利用结构变化的农业碳效应测算与分析

一、农地利用结构变化的单位碳排放效果分析

耕地碳排放数据采用的是历年变化值。运用差值法来计算农地利

用方式转变引起的碳功能变化，农地利用结构转变所引起的碳排放和碳汇效果的变动情况如表4-12所示。

表4-12 农地利用结构变化单位面积碳排放/碳汇效果分析

单位：千克/公顷

年份	耕地碳排放强度	退耕还林	退耕还草	建设用地转为耕地	毁林开荒	毁草开荒	耕地转为建设用地
2001	478.58	−968.58	−499.58	−55321.42	968.58	499.58	55321.42
2002	506.11	−996.11	−527.11	−55293.89	996.11	527.11	55293.89
2003	527.99	−1017.99	−548.99	−55272.01	1017.99	548.99	55272.01
2004	566.55	−1056.55	−587.55	−55233.45	1056.55	587.55	55233.45
2005	588.49	−1078.49	−609.49	−55211.51	1078.49	609.49	55211.51
2006	609.50	−1099.50	−630.50	−55190.50	1099.50	630.50	55190.50
2007	635.26	−1125.26	−656.26	−55164.74	1125.26	656.26	55164.74
2008	643.90	−1133.90	−664.90	−55156.10	1133.90	664.90	55156.10
2009	664.46	−1154.46	−685.46	−55135.54	1154.46	685.46	55135.54
2010	685.28	−1175.28	−706.28	−55114.72	1175.28	706.28	55114.72
2011	704.09	−1194.09	−725.09	−55095.91	1194.09	725.09	55095.91
2012	721.08	−1211.08	−742.08	−55078.92	1211.08	742.08	55078.92
2013	733.50	−1223.50	−754.50	−55066.50	1223.50	754.50	55066.50
2014	671.53	−1161.53	−692.53	−55128.47	1161.53	692.53	55128.47
2015	674.50	−1164.50	−695.50	−55125.50	1164.50	695.50	55125.50

二、生态退耕与建设占用碳效应时序差异分析

农地利用结构的变化可以直接或者间接地造成碳排放。生态退耕和建设占用是中国最为常见的两类农地利用方式转换形式。生态退耕（生态退耕面积采用的是退耕还林面积）有明显的土壤碳增汇效应，森林的固碳能力也强于农作物的固碳能力，随着生态退耕面积的增

加，其碳汇储量也不断增加。建设占用（近似认为是耕地转为建设用地）会刺激投资的增加，一定程度上推动了工业和城市规模的不断扩大，从而增加了碳排放。

由表4–12求得转换系数，分别计算出2001—2015年生态退耕和建设占用的碳排放量（见图4–28）。

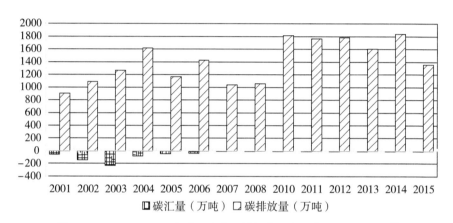

图4-28　2001—2015年中国生态退耕与建设占用碳排放变化趋势[①]

总体上，每年的碳排放量远远大于碳汇量。虽然不论是碳排放量还是碳汇量，都具有较强的波动性。在2001—2015年的建设占用所引起的碳排放量使总体呈现出波动式上升趋势，大致呈"M型"，最大值为2014年的1841.82万吨，最小值为2001年的905.2万吨。而生态退耕所引起的碳汇量在2003年达到最大值227.86万吨后，开始逐渐下降，直至2014年最小值为0.31万吨，自2014年新一轮的退耕还林还草开始后，2015年的生态退耕碳汇量上升至2.88万吨。整体

---

① 2009年生态退耕面积和建设占用面积数据缺失，故未纳入分析。

上变化趋势呈"勺子型"。由于中国经济长期是投资带动经济增长的模式，使得土地的需求愈发严重，农村人口大量进城，大量耕地被闲置；再加上城市化和工业化的步伐不断加快，建设占用的规模不断扩大，从而导致建设占用引起的碳排放效应越来越强。为了抑制或者减缓农地利用变化的碳排放必须合理规划土地利用的结构，严格控制建设用地占用耕地，积极鼓励退耕还林，增强林地碳汇能力。

三、生态退耕与建设占用碳效应区域差异分析

分析表4-13可以发现，总体来看，2008年、2013年和2014年生态退耕碳汇量排前五的大部分位于东部和西部地区，东部地区生态退耕总碳汇量在逐年递减，而中、西部地区则呈现先升后降的趋势。2008年生态退耕碳汇量最明显的是河北省，而2014年最高的是宁夏自治区。

2008年建设占用碳排放量最多的省份是江苏省，2013年、2014年则是河南省，而2008年、2013年、2014年建设占用碳排放量最少的均为西藏自治区，2014年西藏自治区的建设占用碳排放量是2008年的3倍多。与2008年相比，2014年东部地区的建设占用碳排放量占全国总量的比例从48.25%下降到29.31%，中西部的建设占用碳排放量占全国总量的比例分别从25.86%上升至37.20%、25.88%上升至33.49%。由此可以看出，中西部地区的建设占用碳排放效应逐渐赶超东部地区，这是因为中国建设用地与城镇化和工业化同步增长，东部地区投资建设趋于饱和，并且东部地区地价较高，企业为了降低成本向中、西部转移，再加上中西部地区近些年不断推进中部崛起和振兴东北工业基地，开展了很多重点工程项目。投资增加，驱动着建设占

用面积的不断扩展，从而导致建设占用碳排放量的增加。

表 4-13　2008—2014 年中国 31 个省（自治区、直辖市）
生态退耕与建设占用碳效应变化对比

地区	生态退耕碳汇量（吨）			建设占用碳排量（万吨）		
	2008 年	2013 年	2014 年	2008 年	2013 年	2014 年
北京	-193.99	-1.21	-0.80	11.18	7.22	5.03
天津	0.00	-0.01	-2.47	20.89	18.90	9.95
河北	-3134.49	-768.84	-191.51	41.52	68.52	91.13
山西	-5.67	-14.78	-42.37	16.62	52.01	58.90
内蒙古	0.00	-3671.80	-106.18	16.35	39.26	39.58
辽宁	-52.18	-15.69	0.00	27.08	52.44	45.98
吉林	-374.37	-36.68	-0.02	23.63	43.86	34.92
黑龙江	-1.13	-342.27	0.00	27.78	36.85	40.37
上海	-528.65	-17.31	-13.39	39.77	9.00	8.66
江苏	0.00	-70.46	-6.45	123.05	91.24	99.58
浙江	-24.96	-16.64	-30.49	112.86	77.40	77.95
安徽	-240.50	-424.37	-15.94	49.07	67.18	120.97
福建	-3.40	-7.34	-6.99	35.85	43.20	39.18
江西	-4.54	-222.08	-0.31	31.42	44.47	62.73
山东	-284.75	-395.12	-312.77	74.76	115.04	103.62
河南	-77.14	-131.60	-86.39	53.94	170.42	176.64
湖北	-38.57	-48.11	-135.50	37.91	93.72	138.86
湖南	-7.94	-64.22	-51.03	32.87	53.03	51.76
广东	-422.02	-21.09	-43.02	19.56	33.32	51.18
广西	-114.58	-0.65	0.00	25.19	46.38	47.07
海南	-70.34	0.00	-177.18	3.32	7.07	7.51
重庆	-190.59	-8.59	-18.62	27.77	37.19	54.11
四川	-356.22	0.00	0.00	67.71	77.10	112.81
贵州	-648.91	-124.44	0.00	19.81	60.23	95.94

续表

地区	生态退耕碳汇量（吨）			建设占用碳排量（万吨）		
	2008 年	2013 年	2014 年	2008 年	2013 年	2014 年
云南	−232.56	−0.61	0.00	47.90	56.48	80.35
西藏	−51.05	0.00	−0.52	1.08	2.34	3.31
陕西	−669.33	−35.53	−32.04	33.87	53.93	68.91
甘肃	−241.64	−0.99	0.00	14.27	43.95	37.56
青海	0.00	0.00	0.00	4.10	17.27	15.49
宁夏	−31.76	−1958.04	−1654.40	8.42	18.70	16.89
新疆	−618.28	−1042.10	−173.39	7.02	68.58	44.90

测算分析我国农业碳功能及其时空特征。碳排放方面：2000—2016 年全国及七大行政区域农业碳排放量呈增长趋势且区域内差异较大，其中华东地区农业碳排放量最高、西北地区增幅最大；经济因素是促使农业碳排放增加的第一大因素，在华东、华中、华北和西南地区分别累计贡献 2506.71 万吨、1697.94 万吨、1105.74 万吨、1018.40万吨；各区域农业碳排放与经济增长的脱钩关系逐年改善，但区域间和区域内均存在差异；人口规模和结构因素对碳减排均作出脱钩努力，且人口规模的脱钩努力程度在华东地区最大，而结构因素在华北地区最显著；生产效率仅在西南地区未作出脱钩努力。碳汇方面：2015 年我国主要农作物碳汇总量为 80994.75 万吨，与 1991 年相比增加了近 50%，年均增长率为 1.71%。2015 年粮食作物、经济作物的碳汇量分别占总碳汇的 80.90% 和 19.10%。1991—2015 年我国主要农作物碳汇强度，波动的幅度较小，但总体上有所上升，根据其演变过程大致可以分为三个上升阶段。2000—2015 年林地碳汇量增长了 10.58%，草地碳汇则呈现微弱的逐年递减趋势。净碳功能方面：

2000—2015 年全国的净碳排放量呈现出"升—降—升"的波动变化，但整体是呈现上升的趋势，且与总碳排放的变化趋势大体相同，总的碳汇量变化相比总碳排放和净碳排放的变化较小。进一步核密度估计表明：我国农业净碳排放地区间的差异越来越大，东部和中部地区净碳排放是上升趋势，西部地区净碳排放总趋势是先上升后下降，且变化幅度较大；东部和中部农业净碳排放集中在较高的水平，远远高于西部地区；各个地区的净碳排放变化幅度扩大程度不同，但中部地区相比其他地区而言，各省之间的差距较大。

第五章　专题研究：湖北省农业碳功能测算与时空特征分析

第一节　数据来源及整理

本书所使用的化肥、农药、农膜和柴油数据来自历年《湖北省统计年鉴》和《中国农村统计年鉴》；林地、草地面积数据来自历年湖北省土地利用变更调查数据；农业灌溉采用实际灌溉面积，翻耕面积采用当年湖北省农作物总播种面积，数据都来源于国家统计局；历年湖北省各地市州的数据均来自各市统计年鉴，并以当年实际情况为准。因为十堰市、鄂州市、荆门市和神农架林区的数据有部分缺失，故四地的农地利用碳排放情况不列入本次研究之中。

第二节　湖北省农业碳排放时空特征及因素分解分析

一、湖北省农业碳排放的时序特征分析

根据前文给出的碳排放测算公式，测算 1993—2014 年湖北省农业碳排放量。结果表明湖北省农业碳排放量从 1993 年的 236.48 万吨增长到 2014 年的 458.07 万吨，总体呈现出上升趋势，年平均递增为

3.20%。其中，化肥、农药、农膜、柴油、翻耕和灌溉的年平均增速分别为 3.11%、3.60%、3.10%、4.04%、0.62% 和 1.08%（如表 5-1所示）。

表 5-1　1993—2014 年湖北省农业碳排放量情况

单位：万吨

年份	化肥	农药	农膜	柴油	翻耕	灌溉	总量	增速（%）
1993	163.89	29.60	18.87	17.37	2.23	4.51	236.48	—
1994	179.30	40.74	29.15	19.26	2.24	4.43	275.13	16.35
1995	204.56	55.44	28.04	21.46	2.32	4.31	316.12	14.90
1996	214.94	45.64	25.73	23.59	2.37	4.72	316.99	0.28
1997	234.83	50.94	26.48	25.55	2.42	4.26	344.46	8.67
1998	242.35	49.52	24.75	24.95	2.41	4.28	348.26	1.10
1999	225.24	51.00	25.00	24.72	2.43	4.22	332.61	-4.49
2000	221.30	56.95	26.64	25.07	2.37	4.10	336.43	1.15
2001	219.69	54.13	27.73	25.01	2.34	4.02	332.92	-1.04
2002	230.17	52.43	27.17	24.36	2.30	3.97	340.40	2.25
2003	242.08	49.27	35.03	23.29	2.23	4.05	355.95	4.57
2004	252.47	55.56	28.54	24.36	2.24	4.10	367.26	3.18
2005	255.96	54.36	28.29	24.48	2.28	4.09	369.46	0.60
2006	261.96	65.00	28.92	25.13	2.16	4.07	387.25	4.81
2007	268.59	66.89	30.26	28.57	2.20	4.15	400.65	3.46
2008	293.49	68.30	30.63	31.12	2.28	4.61	430.43	7.43
2009	304.77	68.54	31.75	31.71	2.35	4.65	443.78	3.10
2010	314.18	69.06	33.03	34.55	2.50	4.71	458.04	3.21
2011	317.85	68.84	33.69	36.63	2.50	4.86	464.38	1.38
2012	320.32	67.46	33.16	36.63	2.53	5.05	470.88	1.40
2013	315.16	62.74	34.35	38.94	2.53	5.53	459.25	-2.47
2014	311.94	62.22	35.84	39.89	2.54	5.65	458.07	-0.26
平均增速	3.11%	3.60%	3.10%	4.04%	0.62%	1.08%	3.20%	—

总体来说，可将湖北省 22 年农业碳排放量变化划分为四个阶段。

（一）快速上升阶段（1993—1997 年）

碳排放量快速增加，由 236.48 万吨增加至 344.46 万吨，年平均增速为 10.05%，尤其 1994 年和 1995 年，增速达 16.35% 和 14.90%。这主要是因为从 20 世纪 90 年代初开始，湖北省就对农业产业化工作十分重视，坚持把农业放在经济工作的首位，加快推进农业产业化进程，但由于存在高投入、技术落后等问题，导致对化肥、农药等生产资料使用加大以及对柴油等能源需求增加。

（二）过渡阶段（1998—2001 年）

碳排放量增速不稳定。究其原因，主要是因为 1998 年湖北省遭受了百年一遇的特大洪涝灾害，给农业生产造成重大损失。同时，各种爆发性、迁飞性、流行性、检疫性病虫害接连发生。1999 年农业和农村工作的中心任务是增加农民收入保持农村稳定，引起农业内需扩大。另外，在此阶段，"三农"问题突出，加重农民负担，导致农民弃务农转务工。因此，这几年的增速是摇摆不定的。

（三）增速有所回升阶段（2002—2011 年）

从 2002 年的 340.40 万吨上升至 2011 年的 464.38 万吨，除了 2005 年增速为 0.60% 以外，其余几年增速介于 1.38%—7.43% 之间，相比第一阶段增速较缓。造成这一状况的主要原因是：湖北省根据农村税费改革试点方案从 2002 年起全面停征屠宰税；对从事种植业、养殖业、饲养业、捕捞业所得和农业特产所得，给予免征个人所得税的照顾等。另外，自 2004 年以来，我国不仅取消了对农业税的征收，并且还在不断加强对粮食生产的补贴力度。这些措施减轻了农民的负担，提高了农民从事农业生产的积极性，由此增加了对化肥、农药等农业生产资料的需求。

（四）平稳下降阶段（2012 年至今）

农业碳排放量变化相对平稳并有小幅下降趋势，2012 年较 2011
年农业碳排放量相对不变，2013 年碳排放量和 2014 年碳排放量有小
幅度下降。这是由于 2012 年首次提出"互联网+"理念，互联网技术
与农业融合，提高农业的效率和质量，提升农业生产的精准化和智能
化水平，加快推进农业转型升级，这在一定程度上抑制了农业碳排放
量的增加。

二、湖北省农业碳排放影响因素分解

1989 年，日本教授茅阳一（Yoichi Kaya）在联合国政府间气候
变化专门委员会（IPCC）研讨会上首次提出了 Kaya 碳排放恒等式。
Kaya 恒等式能够驱动因素分解碳排放总量，并能对每个因素的贡献进
行精确量化，具有分解没有残差、数学形式简单、能有力解释碳排放
变化推动因素等优点。本章研究的是农业碳排放影响因素分解，根据
已有文献成果，同时结合农业生产的实际情况，对 Kaya 恒等式进行
一定的变形，得到以下公式：

$$C = \frac{C}{AGRI} \times \frac{AGRI}{AGR} \times \frac{AGR}{P} \times P = EI \times AI \times EL \qquad （5-1）$$

式（5-1）中，C、P、$AGRI$、AGR 分别为湖北省农业碳排放量、
农业劳动力总量、种植业总产值及农林牧渔业总产值，EI、AI、EL 代
表农业效率因素、农业结构因素和农业经济水平。由于农业各个部门
之间产量和规模的量化方式不统一，为了更好进行比较分析，将规模
替换成产值，把产值作为比较量。本书为了更好地利用 Kaya 恒等式
进行分析，对该恒等式进行细微的修改，去掉无法解释的残差。

$$\Delta C = \Delta EI + \Delta AI + \Delta EL + \Delta P \qquad (5\text{-}2)$$

$$\Delta EI_t = (EI_t - EI_{t-1}) \times AI_{t-1} \times EL_{t-1} \times P_{t-1} \qquad (5\text{-}3)$$

$$\Delta AI_t = EI_t \times (AI_t - AI_{t-1}) \times EL_{t-1} \times P_{t-1} \qquad (5\text{-}4)$$

$$\Delta EL_t = EI_t \times AI_t \times (EL_t - EL_{t-1}) \times P_{t-1} \qquad (5\text{-}5)$$

$$\Delta P_t = EI_t \times AI_t \times EL_t \times (P_t - P_{t-1}) \qquad (5\text{-}6)$$

在式（5-2）—（5-6）中，ΔEI_t 表示从 $t-1$ 年到 t 年在其他因子没有发生变化只有单位种植业总产值碳排放强度变化而导致的碳排放量相对于基年的排放量变化；ΔAI_t 表示从 $t-1$ 年到 t 年在 EI 保持在 t 年水平，且 $AGRI$ 保持在基年水平的情况下，只有结构发生变化所引起的碳排放量变化；ΔEL_t 表示在 EI、AI 保持在 t 年水平下从 $t-1$ 年到 t 年只有经济发展水平发生变化的碳排放量的变化；ΔP_t 表示 EI、AI 和 EL 都保持在 t 年水平下从 $t-1$ 年到 t 年只有劳动力规模发生变化的碳排放量变化。

综合式（5-2）—（5-6）可得：$\Delta EI_t + \Delta AI_t + \Delta EL_t + \Delta P_t = \Delta C_t$。

根据上述模型，同时结合前文测算的湖北省 1993—2014 年农业碳排放量，得出湖北省农业碳排放因素分解结果，如表 5-2 所示。

表 5-2 湖北省农业碳排放量影响因素分解结果

单位：万吨

年份	效率因素	结构因素	经济因素	劳动力因素	总效应
1994	28.33	−14.23	32.46	−7.90	38.65
1995	8.13	−6.21	48.84	−9.77	40.99
1996	−3.51	−15.81	26.65	−6.46	0.87
1997	2.54	−4.96	29.68	0.20	27.47
1998	10.90	−10.90	0.45	3.34	3.79
1999	−32.38	3.33	7.91	5.50	−15.64

年份	效率因素	结构因素	经济因素	劳动力因素	总效应
2000	−5.35	0.00	6.60	2.56	3.82
2001	−20.87	7.66	6.44	3.26	−3.51
2002	15.85	−15.04	4.43	2.24	7.48
2003	9.26	−11.62	22.20	−4.28	15.55
2004	−9.47	1.64	33.64	−14.49	11.32
2005	−8.57	−4.13	30.22	−15.33	2.19
2006	−2.75	2.45	36.29	−18.20	17.79
2007	−3.11	1.48	30.81	−15.77	13.41
2008	18.06	−13.41	36.75	−11.62	29.78
2009	−2.90	−6.49	38.60	−15.86	13.34
2010	−1.23	−4.23	35.47	−15.74	14.26
2011	−20.77	7.54	42.91	−23.33	6.34
2012	−15.94	−8.49	39.44	−14.80	0.21
2013	−25.53	−4.16	54.79	−30.44	−5.34
2014	−14.95	−10.52	52.05	−27.76	−1.18
合计	−74.26	−106.10	616.63	−214.65	221.59

由表 5-2 可知，效率因素、结构因素和劳动力因素都不同程度地促进了农业碳减排。农业碳减排的效果由小到大的顺序依次为：效率因素＜结构因素＜劳动力因素。具体而言，效率因素累计实现了 31.40%（74.26 万吨）的碳减排，结构因素累计实现了 44.87%（106.10 万吨）的碳减排，农业碳排放抑制作用的最主要因素是劳动力因素，累计实现 90.78%（214.65 万吨）的碳减排。农业经济的快速发展是导致湖北省农业碳排放增加的最主要因素。以 1993 年为基年，1994—2014 年间经济因素累计引发了 260.75%（616.63 万吨）的碳增量。湖北省是全国的农业大省之一，农业对全省国民经济有着至关重要的作

用。稳步和繁荣的农业能为新常态下湖北省经济社会发展提供有力支撑，对应对各种风险挑战、维护改革发展稳定大局有非常重要的意义。农业重中之重的地位不能动摇、基础地位不能动摇、主导地位不能动摇。作为农业大省，发展低碳农业固然重要，但是为了推进碳减排而选择放弃经济发展的战略绝对是行不通的。因此，今后的一段时间内，农业经济发展因素在一定程度上仍是湖北省农业碳排放的主导因素。

三、湖北省农业碳排放的空间特征分析

从农业碳排放总量来看，襄阳市的农业碳排放总量高达 75.49 万吨，在列入研究的 13 个地市州中位居第一，其次是黄冈市、荆州市居第二、三位，碳排放总量分别为 52.75 万吨、51.82 万吨，三个地区的农业碳排放总量占 2014 年湖北省碳排放总量的 39.31%。潜江市的农业碳排放总量最少，为 9.33 万吨，还不及襄阳市的碳排放总量的八分之一；黄石市、天门市分别列倒数第二、三位，农业碳排放量分别为 9.37 万吨、11.18 万吨。

农业碳排放强度是单位耕地面积碳排放量，相对于农业碳排放总量，它能够更好地反映一个地区的碳排放水平。从农业碳排放强度来看，2014 年湖北省农业碳排放强度居于前三位的是黄冈市、襄阳市和宜昌市，其单位耕地面积碳排放量分别为 1392.81 千克 / 公顷、1284.53 千克 / 公顷和 1259.52 千克 / 公顷；武汉市的农业碳排放强度最低，为 649.13 千克 / 公顷，远远低于黄冈市的单位耕地面积碳排放；天门市和恩施自治州分别以 718.58 千克 / 公顷、747.48 千克 / 公顷居于倒数第二、三位。由此可知，湖北省各地区的碳排放水平相差很大。

　　进一步用聚类分析对碳排放总量和碳排放强度进行综合分析，将各地市州农业碳排放情况分为四种类型："低—低"型，低碳排放量、低碳排放强度的地区；"低—高"型，低碳排放量、高碳排放强度的地区；"高—低"型，高碳排放量、低碳排放强度的地区；"高—高"型，高碳排放量、高碳排放强度的地区。聚类结果如表 5-3 所示：武汉、黄石、孝感、咸宁、恩施自治州、天门、潜江属于"低—低"型地区，荆州属于"高—低"型地区，这两种类型主要集中在鄂东南和江汉平原地区，单位耕地面积产生碳排放较少；宜昌、襄阳、黄冈属于"高—高"型地区，随州、仙桃属于"低—高"型地区，这两种类型地区与"低—低"型地区和"高—低"型地区相比，农业碳排放压力相对要大一些。

表 5-3　2014 年湖北省各地市州农业碳排放量情况

单位：万吨

地区	化肥	农药	农膜	柴油	翻耕	灌溉	总量	碳排放强度（千克／公顷）	聚类结果
武汉市	12.82	2.25	3.45	1.50	0.17	0.30	20.48	649.13	"低—低"型
黄石市	5.00	1.82	0.93	1.45	0.07	0.11	9.37	896.29	"低—低"型
荆州市	32.02	13.68	1.28	3.68	0.34	0.83	51.82	803.19	"高—低"型
宜昌市	32.98	5.28	3.12	2.98	0.19	0.23	44.78	1259.52	"高—高"型
襄阳市	54.28	9.00	3.96	7.41	0.30	0.53	75.49	1284.53	"高—高"型
孝感市	19.04	3.60	2.34	2.12	0.19	0.47	27.77	781.34	"低—低"型
黄冈市	35.62	8.27	3.98	4.06	0.32	0.50	52.75	1392.81	"高—高"型
咸宁市	11.17	0.94	1.18	3.91	0.13	0.19	17.53	887.96	"低—低"型
随州市	15.30	3.06	3.24	3.05	0.10	0.25	24.99	1146.08	"低—高"型
恩施自治州	25.42	0.83	1.61	0.55	0.24	0.14	28.80	747.48	"低—低"型

续表

地区	化肥	农药	农膜	柴油	翻耕	灌溉	总量	碳排放强度（千克/公顷）	聚类结果
仙桃市	5.79	2.80	3.75	1.12	0.07	0.17	13.71	1071.07	"低—高"型
天门市	6.79	2.67	0.24	1.20	0.07	0.22	11.18	718.58	"低—低"型
潜江市	6.35	1.39	0.82	0.61	0.05	0.12	9.33	848.19	"低—低"型

第三节　湖北省农业碳汇时空特征及农地利用类型变化的碳效应分析

一、湖北省林地、草地碳汇的时空特征分析

可以明显看出，2005—2014年湖北省的林地面积经历了一个逐步下降的过程。2005年林地面积为793.89万公顷，2014年林地面积为787.55万公顷，减少了6.34万公顷，减少面积占2005年林地面积的0.80%。在这十年期间，虽然退耕还林巩固工程、长防林工程、低产林改造工程等一系列林业重点工程项目有效地保护了森林资源，使造林面积增加。但是随着经济快速发展，各县市工业园区、旅游以及新农村建设等各项工程，占用了大量的林地，导致林地面积大量减少。林地面积增加幅度小于减少幅度，导致林地碳汇总量从2005年的3890069.36吨减少到2014年的3858975.35吨。除了林地之外，草地的碳汇功能也是不容忽视的。2005—2014年，因耕地开垦、建设占用等因素，湖北省草地面积呈现波动下降趋势，2009年草地面积最小，为4.4379万公顷，2014年草地面积与2005年相比减少了0.12%，其碳汇量为932.56吨。

从各地市州碳汇来看，由于湖北省不同地区自然资源禀赋各有差

异，导致区域之间林地、草地碳汇存在一定程度的差距。2014 年湖北省各地市州林地、草地碳汇量如表 5-5 所示。由表可知，十堰市的林地碳汇为 791982.80 吨，在 17 个地市州中居第一位，其次是恩施自治州的林地碳汇为 709208.01 吨，宜昌市的林地碳汇为 623356.10 吨，黄冈市的林地碳汇为 347203.55 吨，这四地的林地碳汇在湖北省林地碳汇中占比高达 65.35%。林地碳汇相对较少的三个地区依次是仙桃市、天门市和潜江市。十堰市不仅林地碳汇位居第一，草地碳汇也是最多的，为 406.29 吨。而黄石市、孝感市和天门市没有草地碳汇，鄂州市的草地碳汇只有 0.10 吨。由此可知，17 个地市州的草地碳汇存在很大的差异。

表 5-4　2005—2014 年湖北省林地、草地面积及碳汇量

年份	林地		草地	
	面积（万公顷）	碳汇（吨）	面积（万公顷）	碳汇（吨）
2005	793.89	3890069.36	4.4463	933.73
2006	794.16	3891365.35	4.4393	932.25
2007	793.93	3890244.79	4.4392	932.23
2008	793.74	3889311.46	4.4380	931.99
2009	793.18	3886596.09	4.4379	931.97
2010	792.11	3881342.03	4.4425	932.92
2011	790.86	3875221.21	4.4423	932.89
2012	789.83	3870162.19	4.4423	932.88
2013	788.72	3864733.74	4.4422	932.87
2014	787.55	3858975.35	4.4408	932.56

表 5-5　2014 年湖北省各地市州林地、草地碳汇量

单位：吨

地区	林地碳汇	草地碳汇	地区	林地碳汇	草地碳汇
武汉市	41993.64	5.9	黄冈市	347203.55	131.67
黄石市	62902.28	0	咸宁市	204843.09	0.56

续表

地区	林地碳汇	草地碳汇	地区	林地碳汇	草地碳汇
十堰市	791982.80	406.29	恩施自治州	709208.01	139.10
荆州市	33369.25	6.26	随州市	225215.53	69.93
宜昌市	623356.10	65.00	仙桃市	2652.02	0.24
襄阳市	396635.94	76.03	天门市	1333.90	0
鄂州市	8571.32	0.10	潜江市	3266.61	0.26
荆门市	189884.26	17.24	神农架林区	144496.44	13.90
孝感市	71197.88	0			

二、农地政策变化的单位碳排放效果分析

不同的农地利用方式产生的碳效应是不一样的，根据湖北省实际情况，建设占用（近似认为是耕地转为建设用地）和生态退耕（近似认为是退耕还林）是最为普遍的两类农地利用转换形式。建设占用耕地会导致碳排放量增加，而生态退耕会增加碳汇。因此，对农地的有效使用不仅可以减少碳排放量，还能提高固碳潜力。鉴于此，准确了解不同利用方式下农地的单位面积碳排放效果，对农地资源的有效管理、提高农地资源的配置效率具有非常重要的意义。农地利用方式转变引起的碳效应采用差值法进行确定，可以得到如表5-6所示的结果。

表5-6　农地利用方式变化单位面积碳排放/碳汇效果分析

单位：千克/公顷

年份	耕地碳排放强度	退耕还林	耕地转为建设用地	年份	耕地碳排放强度	退耕还林	耕地转为建设用地
2005	790.26	−1280.26	55009.74	2010	984.58	−1474.58	54815.42
2006	830.04	−1320.04	54969.96	2011	1000.48	−1490.48	54799.52
2007	859.15	−1349.15	54940.85	2012	1002.39	−1492.39	54797.61
2008	923.01	−1413.01	54876.99	2013	993.69	−1483.69	54806.31
2009	951.73	−1441.73	54848.27	2014	994.57	−1484.57	54805.43

三、生态退耕与建设占用的碳效应变化时空特征分析

（一）生态退耕与建设占用碳效应时序特征分析

由表 5-7 可知，2005—2014 年，湖北省因生态退耕产生的碳汇波动比较大，大体呈现出下降的趋势。2005 年的碳汇量为 23591.29 吨，2013 年的碳汇量达到最小值，为 57.86 吨，2014 年为 170.73 吨，10 年间减少了 99.28%，年均递减 38.91%。由于湖北省经济发展和城镇化进程加快，非农建设占用耕地日益增加，因建设占用产生的碳排放呈现增长的趋势，2014 年为 138.05 万吨，与 2005 年相比增加了 110.19 万吨，年均速增 1.27%。总体来说，历年碳汇量呈不规则变动趋势，而碳排放量呈增长变动趋势，并且因生态退耕产生的碳汇量远远小于因建设用地产生的碳排放量。由此可知，为了促进湖北省生态文明建设，必须加快转变保障科学发展用地方式，优化土地利用结构，提高土地利用率，强化资源节约集约高效利用，从碳源上遏制碳排放。

表 5-7　2005—2014 年湖北省生态退耕与建设占用碳排放变化情况

年份	生态退耕			建设占用		
	面积 / 公顷	转换系数 千克 / 公顷	碳汇量 / 吨	面积 / 公顷	转换系数 千克 / 公顷	碳排放量 / 万吨
2005	18427	−1280.26	−23591.29	5063.84	55009.74	27.86
2006	3498	−1320.04	−4617.52	7533.00	54969.96	41.41
2007	114	−1349.15	−153.80	7028.00	54940.85	38.61
2008	34	−1413.01	−48.04	6874.00	54876.99	37.72
2010	160	−1474.58	−235.93	16448.99	54815.42	90.17
2011	334	−1490.48	−497.82	17105.49	54799.52	93.74
2012	69	−1492.39	−102.97	21461.91	54797.61	117.61
2013	39	−1483.69	−57.86	17019.42	54806.31	93.28
2014	116	−1484.57	−170.73	25188.70	54805.43	138.05

注：2009 年湖北省生态退耕和建设占用数据缺失。

（二）生态退耕与建设占用碳效应空间特征分析

由表 5-8 可知，除了武汉市、宜昌市、襄阳市、随州市和仙桃市外，其他地市州的生态退耕面积为零。其中，襄阳市因生态退耕产生的碳汇量最大，为 136.6389 吨，其次是武汉市的 34.1739 吨，随州市的 6.5443 吨，宜昌市的 5.2486 吨，仙桃市的仅为 1.5611 吨。因建设占用耕地导致碳排放最为显著的是武汉市，为 1017.97 万吨，而潜江市最少，仅为 130.42 万吨，不及武汉市的七分之一。虽然襄阳市因生态退耕产生的碳汇量最大，但因建设占用产生的碳排放量在各地市州中居第二位，高达 986.52 万吨。位居第三和第四的分别是荆州市、黄冈市，产生的碳排放量都超过 850 万吨。由建设占用所带来的碳排放量相对较少的三个地区依次是潜江市、仙桃市和天门市，碳排放量分别为 130.42 万吨、175.15 万吨和 177.10 万吨。

表 5-8　2014 年湖北省各地市州生态退耕与建设占用碳效应情况

地区	生态退耕			建设占用		
	面积 / 公顷	转换系数千 克 / 公顷	碳汇量 / 吨	面积 / 公顷	转换系数千 克 / 公顷	碳排放量 / 万吨
武汉市	30	−1139.13	−34.1739	184579.71	55150.87	1017.97
黄石市	0	−1386.29	0	54924.44	54903.71	301.56
荆州市	0	−1293.19	0	163179.10	54996.81	897.43
宜昌市	3	−1749.52	−5.2486	128595.84	54540.48	701.37
襄阳市	77	−1774.53	−136.6389	180961.48	54515.47	986.52
孝感市	0	−1271.34	0	106803.27	55018.66	587.62
黄冈市	0	−1882.81	0	162886.12	54407.19	886.22
咸宁市	0	−1377.96	0	76792.91	54912.04	421.69
恩施自 治州	0	−1237.48	0	72509.87	55052.52	399.19

续表

地区	生态退耕			建设占用		
	面积 / 公顷	转换系数千克 / 公顷	碳汇量 / 吨	面积 / 公顷	转换系数千克 / 公顷	碳排放量 / 万吨
随州市	4	−1636.08	−6.5443	74227.58	54653.92	405.68
仙桃市	1	−1561.07	−1.5611	32003.87	54728.93	175.15
天门市	0	−1208.58	0	32153.29	55081.42	177.10
潜江市	0	−1338.19	0	23733.95	54951.81	130.42

第四节　湖北省农业净碳排放 / 净碳汇的动态趋势演进分析

一、净碳排放的计算方法

农业净碳排放 / 净碳汇是指在一定时间内特定区域的农业利用活动所产生的碳吸收输入与碳排放输出的收支情况。其计算公式为：

农业净碳排放 = 农业碳排放 − 草地碳汇 − 林地碳汇

农业净碳汇 = 草地碳汇 + 林地碳汇 − 农业碳排放

为了便于比较，将两个公式进行整合，得出：

农业净碳排放 / 净碳汇 = 农业碳排放 − 草地碳汇 − 林地碳汇

得出的结果为正值的为农业净碳排放，负值则为农业净碳汇。再对此结果进行核密度估计。

二、核密度估算方法

核密度估计主要用来估计随机变量的概率密度，用连续的分布曲线来描述随机变量的位置、形态和趋势。设随机变量的密度函数为 $f(x)$，x 点的概率密度函数为：

$$f(x) = \frac{1}{Nh}\sum_{i=1}^{N}K[\frac{X_i - x}{h}] \qquad (5-7)$$

式（5-7）中，h 代表宽度，N 代表观测值的个数，$K(\cdot)$ 代表核函数。宽度是用来控制估计密度的平滑程度的。宽度的选择应该满足以下公式：

$$\lim_{n\to\infty} h(N) = 0 \qquad (5-8)$$

$$\lim_{N\to\infty} Nh(H) = N \to \infty \qquad (5-9)$$

本书采用的是高斯核函数对湖北省的农业碳排放的分布动态演进进行估计，其函数公式如下：

$$K(x) = \frac{1}{\sqrt{2\pi}}\exp[-\frac{x^2}{2}] \qquad (5-10)$$

三、湖北省农业净碳排放的 Kernel 密度估计

在对湖北省农业碳排放和碳汇进行深度分析的基础上，进一步利用湖北省各地市州 2008—2014 年的面板数据进行农业净碳排放 / 净碳汇核密度估计，在分布图中横轴表示农业净碳排放 / 净碳汇，纵轴表示核密度，分别绘制出湖北省各地市州的净碳排放 / 净碳汇在 2008 年、2011 年和 2014 年的 Kernel 密度曲线，如图 5-1 所示。

从整体上来看，核密度曲线中心出现微弱的左移，峰值经历了一个"先降后升"的过程，变化区间由宽逐渐变窄，从波峰来看，由宽峰变为尖峰，分布曲线右侧逐渐有形成一小峰的趋势，这说明湖北省各地市州的农业净碳排放的地区差距逐渐在缩小。具体来看，2008 年与 2011 年相比，峰值有所减少，密度函数中心基本上变化不大，变化区间逐渐缩小，分布曲线左尾右移，右尾有所抬升，这表明在此期间湖北省农业净碳排放的各地市州之间的差距是微弱扩大的；对比

2011 年与 2014 年，波峰由宽峰变为尖峰，峰值上升趋势明显，密度函数中心有微弱左移的趋势，分布曲线左尾继续右移，右尾右移并且抬升，由此有形成一小峰的趋势，变化区间继续变小，这表明在此期间湖北省农业净碳排放的各地市州之间的差距是明显缩小的。可能因为不同地市州的农业发展水平和农业技术逐渐趋于一致性，从而使得农业净碳排放的地区差距缩小。

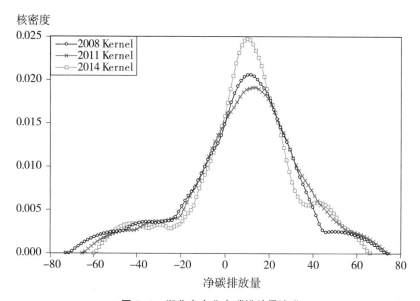

图 5-1　湖北省农业净碳排放量演进

四、鄂东、鄂中和鄂西农业净碳排放量的 Kernel 密度估计

通过观察图 5-2 可以发现，整体上，鄂东地区农业净碳排放量在样本考察期间峰值大体呈现"先降后升"的趋势，密度函数的变化区间经历了一个"先变宽再变窄"的过程，从波峰来看，左侧形成一小峰，逐渐趋于多极化发展。这说明在此样本考察期内鄂东地区各地市州农业净碳排放的地区差距有微弱扩大后，鄂东各地市州之间的差距

又出现明显缩小，这是因为鄂东是武汉城市圈的核心地区，经济较为发达，农业得到了充分开发和利用，农业现代化水平趋于一致，使得各地市州之间差距变小。

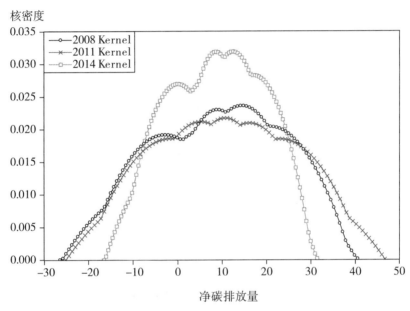

图 5-2　鄂东地区农业净碳排放量演进

图 5-3 中，鄂中地区农业净碳排放在样本考察期间密度函数中心出现微弱的向左偏移，峰值呈现"先降后升"的趋势，变化区间先扩大再缩小，由"一主一小"的格局变为"一主"的格局，右侧小峰逐渐消失，主峰变得平缓，总体来说鄂中地区各地市州农业净碳排放的地区差距是在扩大，其可能原因是鄂中地处平原，以发展农业为主，但各地市州的生产条件和资源禀赋不同，推进农业机械化和现代化的速度和规模也不同，再加上近些年受武汉城市圈发展的影响，鄂中部分地方大力发展经济，使得建设占用的规模不断扩大，林地和草

地面积不断减少，部分地市州的净碳排放不断增加，导致地区差距扩大。

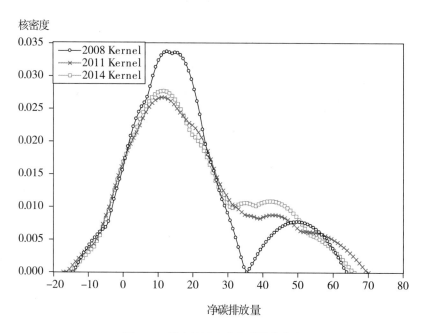

图 5-3　鄂中地区农业净碳排放演进

从图 5-4 可以发现，鄂西地区农业净碳排放在样本考察期间密度函数中心持续向右移动，峰值有微弱下降的趋势，波峰呈现"两主一小"的格局，变化区间基本上没有发生变化，这表明鄂西地区各地市州农业净碳排放的地区差距有所缩小但不明显，整体上鄂西地区各地市州农业净碳排放在考察期间持续增加，其可能原因是虽然鄂西地区主要以山地为主，可耕作的土地有限，再加上农业技术和农业产业结构发展水平趋于一致，使得鄂西地区农业净碳排放的地区差距在缩小。

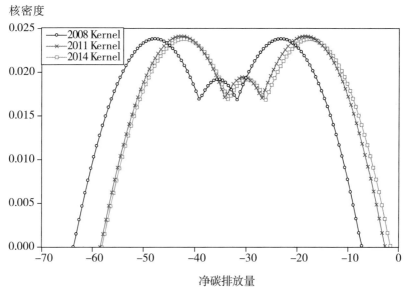

图 5-4 鄂西地区农业净碳排放演进

　　结合图 5-2、图 5-3 和图 5-4 分析发现，从曲线的位置来看，鄂东地区的密度函数基本没有发生变化，鄂中地区的密度函数有微弱向左偏移的趋势，鄂西地区的密度函数有明显向右移的趋势，这说明总体上鄂中地区农业净碳排放有下降趋势，鄂西地区农业净碳排放有上升趋势；从密度函数中心来看，鄂东和鄂中地区的密度函数中心位于正值区域（即净碳排放），鄂西地区的密度函数中心位于负值区域（即净碳汇），这表明鄂东和鄂中大部分地市州是农业碳排放大于碳汇，而鄂西大部分地市州是农业碳汇大于碳排放，其原因是鄂西地貌以山地和丘陵为主，草地和林地资源丰富，再加上 2008 年提出建设"鄂西生态文化旅游圈"，以发展旅游业为主，而鄂东和鄂中大部分地市州位于江汉平原，适宜农业发展，农资的投入远远高于鄂西地区；从变化区间来看，鄂中变化区间跨度最大，其次是鄂东，说明各地区的净碳排放变化程度不同，但鄂中相比其他地区而言，各地市州之间农业净碳排放的地区差距较大。

湖北省农业碳排放量总体呈现出上升趋势，农业经济发展因素是湖北农业碳排放的主导因素，各地区的碳排放水平相差明显，不同地区自然资源禀赋差异导致区域之间林地草地碳汇存在一定程度的差距。因生态退耕产生的碳汇波动比较大，大体呈现出下降的趋势，因建设占用产生的碳排放呈现持续增长的趋势，最为显著的是武汉市。

本书在定量把握湖北省农业碳效应的时空特征的基础上，从地理空间和结构类型等多方面对农业碳效应变化的内在机理进行深入剖析，能为农业低碳和可持续发展提供理论参考和思路借鉴。但是，由于数据与自身学术水平的限制，本书没有对湖北省各地市州之间农业碳减排所存在的空间关联特征进行探讨，也没有全面分析农业方式转变的成本、效益，这些都有待进一步深入研究。

为了促进湖北省生态文明建设低碳农业发展，结合上述结论，可以得出以下启示：

一是不断提高农业低碳发展意识，倡导绿色生产方式。农业低碳是农业实现绿色发展的基本要求。政府要加大宣传力度，积极开展低碳农业面对面、线上线下、网络宣传等活动，提高农户生态文明意识，引导农户在农业生产过程中自觉选择低碳生产方式，推进全民积极主动参与低碳农业的建设。

二是不断优化用地结构，加强农业碳库建设。对农地的有效使用不仅可以减少碳排放量，还能提高固碳潜力。因此，必须增加生态退耕、造林和林地草地经营的投入。同时，严格农地占用审批，并强化违规占用的处罚制度和追溯机制。在重视耕地数量的同时，也要提高耕地质量。

三是切实推进农村信息化基础设施建设，充分发挥互联网的优势，推进实现农地绿色利用。湖北省农业的实际情况表明，碳排放量的减少要更加注重科技支撑，更多地依靠科技进步。要充分利用"互联网＋"，利用信息通信技术以及互联网平台，大力推广低投入、高产出、低消耗、少排放的节本增效技术，促进互联网与农业进行深度融合，为湖北省低碳农业发展提供坚实支撑。

四是加大财政投入，建立以绿色为导向的农地补偿制度。为了鼓励农户进行绿色种植，可以给予选择绿色生产方式的农户一定程度补贴，通过激励引导农户选择绿色低碳生产行为。同时建立以绿色为导向的农地补偿制度，在确保粮食安全和农民收入稳定增长的前提下，对农地退耕还林、休耕等地区给予补偿。

五是差别化改善用地结构、因市施策。湖北省不同地区农业方式变化的碳效应存在差异，根据研究结果，需对除了武汉市、宜昌市、襄阳市、随州市和仙桃市外的其他地市州加大鼓励生态退耕的资金投入，针对武汉市、襄阳市、荆州市和黄冈市制定更加严格的建设占用惩罚制度。

第六章　农业碳价值测算理论体系与实证研究

——以湖北省为例

　　农业碳价值是依托农业碳功能来综合测算农业的生态环境价值，是低碳农业以市场化方式实现生态环境价值的重要基础。本书以湖北省为例，来探讨农业碳价值测算理论体系与实证研究，以期为低碳农业价值实现提供理论基础。

　　为完成碳减排的目标任务，2013年6月至2014年6月，北京、天津、上海、重庆、湖北、广东和深圳七个省市碳市场试点相继开始，并且经过三年多的实际运行，各试点在规则制定、体系设计、运行和人才培养等方面积累了丰富的经验；2017年12月19日，全国碳排放交易体系正式启动，标志着我国为实现低碳绿色发展前进了一大步，而二氧化碳排放权在碳排放交易体系中成为了一种商品。作为全国7个碳排放权交易试点之一的湖北碳排放权交易市场，自启动以来，其成交量、成交额、流动性等指标在全国领先。

　　从农业层面来看，农业碳汇价值包括两部分。一部分是林地、草地吸收二氧化碳的过程给人们带来的利益，称为碳蓄积价值，其计算方法是：

$$V_1 = \sum C_i \times P = \sum L_i \times r_i \times P \qquad (6\text{-}1)$$

其中，V_1 表示碳蓄积价值，L_i 表示第 i 种类型土地的面积，r_i 表示第 i 种类型土地的碳汇系数，C_i 表示第 i 种类型土地的碳吸收量，P 表示碳价格。

另一部分是农作物通过光合作用固定大气中的二氧化碳，称为碳固定价值，其计算方法是：

$$V_2 = \sum C_j \times P = \sum C_{jf} \times D_{jw} \times P = \sum C_{jf} \times Y_{jw} \div H_{je} \times P \quad （6\text{-}2）$$

其中，V_2 表示碳固定价值，C_j 表示第 j 种农作物碳固定量，C_{jf} 表示第 j 种农作物合成 1 克干物质所固定的碳，D_{jw} 表示第 j 种农作物的总干物质量，Y_{jw} 表示第 j 种农作物的经济产量，H_{je} 表示第 j 种农作物的经济系数。需要指出的是，虽然对农作物的消费以及对产生的废弃物处理的过程中会产生碳排放，但这是消费者产生的，所以对于生产者而言，农作物是具有碳价值的。

碳蓄积价值和碳固定价值之和就是碳汇价值，用公式表示是：

$$V = V_1 + V_2 = \sum C_i \times P + \sum C_j \times P \quad （6\text{-}3）$$

其中，V 表示农业碳汇价值。农业碳价值不仅包括碳汇价值，还包括农业碳排放量低于免费排放配额的部分带来的收益。即：$（Q\text{-}q）\times P$，q 是当期农业碳排放量。$V+（Q\text{-}q）\times P$ 是碳汇价值和碳排放量低于免费排放配额的部分带来的收益之和，称为显性碳价值，即已实现的农业碳价值。

另外，农业碳排放量的多少受很多因素影响，比如农业投入、科技进步、劳动力文化水平、产业结构等。随着农业的投入力度不断加大、科技的持续发展进步、劳动力文化水平的提高、农业内部产业结构的优化等，各种农用物资的使用效率提高，单位面积的农业碳排放量趋于减少，故在很大程度上会提高农业的环境效益。所以通过采用加大投入、低碳农业技术、优化产业结构等措施，可以使碳排放减少，从而带来收益。这里令减少的碳排放量为q_1，不过这部分价值q_1P还没有得到实现，称为隐性碳价值。隐性碳价值是相对于显性碳价值而言的，也就是通过努力，这部分价值可完全转化为碳价值的一部分。由于$q_1 \leqslant q$，q_1最大值为q，这是一种理想状态，即达到农业零碳生产，$q_1=q$，此时农业碳价值的计算公式为：

$$AV = \sum C_i \times P + \sum C_j \times P + (Q-q)P + qP \qquad （6-4）$$

第一节　湖北省碳排放权交易现状

七个试点碳市场成交总额、成交总量在全国碳交易试点总交易额中所占比例如图6-1、图6-2所示，其中，湖北碳交易市场成交总额

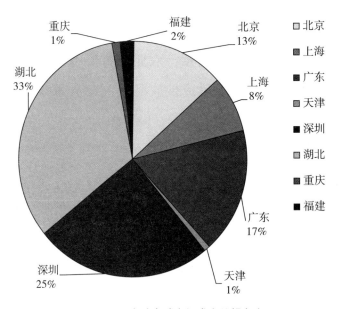

图6-1　7个试点碳市场成交总额占比

和成交总量占比都是最高的，分别为 33% 和 36%，成交总额和成交总量占比第二高的分别是深圳碳交易市场和广东碳交易市场，占比分别为 25% 和 24%。成交总额占比最低的是重庆和天津碳交易市场，均仅为 1%；成交总量占比最低的是福建和天津碳交易市场，均仅为 2%。

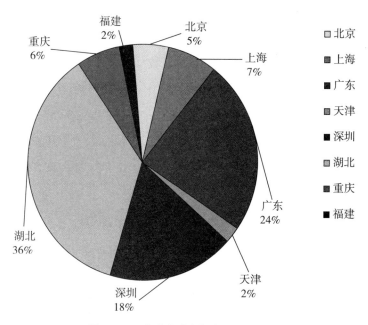

图 6-2　7 个试点碳市场成交总量占比

湖北省是中国的农业大省之一，素称"鱼米之乡"，农业生产总量大，是全国重要的商品粮、棉、油生产基地，油菜籽产量全国第一，棉花、水稻排列也在前列。

农业既具有经济价值，又具有生态价值，减少碳排放量和增加碳汇量能实现经济和生态的双重效益，而农业碳价值以货币的形式恰好可以客观地反映农业碳效益的大小。基于以上理由，本章主要围绕湖北省农业碳价值展开研究，农业碳价值是综合考虑碳排放和碳汇双重效应的以货币形式反映的经济价值。

第二节　湖北省碳价格分析和选择

一、模型与方法

（一）Alasso 变量选择方法

Lasso 方法通过构造一个绝对值函数作为惩罚项对模型的系数进行压缩，将没有意义或意义很小的系数压缩为零，使其保留了岭回归和子集选择的优点。它不仅可以处理具有复共线性的数据，同时还可以选择变量并估计参数，克服了传统的变量选择方法的不足。邹（Zou，2006）提出 Alasso（Adaptive Lasso）方法，在 Lasso 方法的基础上，给回归系数赋予变动权重，也就是引入了 $\lambda \sum_{j=1}^{p} w_j |\beta_j|$，从而使其在变量选择上具有更好的性能。

$$\beta(a\hat{l}asso) \text{ arg min} \sum_{i=1}^{n} \left(y_t - \sum_{j=1}^{p} \beta_j x_{ij} \right)^2 + \lambda n \sum_{j=1}^{p} w_j |\beta_j| \qquad （6-5）$$

式（6-5）中，y_i 表示碳价格序列，x_{ij} 表示影响因素，λ 为正则化参数。式（6-5）可以转化为在约束条件下的求解问题。

$$\hat{\beta}(alasso)\text{arg min} \sum_{i=1}^{n} \left(y_t - \sum_{j=1}^{p} \beta_j x_{ij} \right)^2 + \text{s.t.} \sum_{j=1}^{\lambda p} w_j |\beta_j| \leq \eta \qquad （6-6）$$

式（6-6）中，η 是调和参数，$\lambda \geq 0$ 是惩罚项系数，通过 λ 可以控制收缩的范围，这是 Alasso 方法和 Lasso 方法的不同之处，Lasso 方法带有的惩罚项系数是固定不变的，这样会导致较大的偏差。令其

中$\hat{\beta}_j$是β_j的最小二乘估计值，对于任意的 λ，$w_j = 1/\left|\hat{\beta}_j\right|^\lambda$，它的作用是惩罚调节，对重要的变量赋予的权重较小，对不重要的变量赋予的

权重较大，以此来对变量进行压缩。

（二）BP 神经网络

BP 神经网络（Back Propagation）是鲁姆哈特（Rumelhart，1986）提出来的，它是一种反向传播误差并且算法训练的多层前馈网络，具有非常强的非线性映射能力，是 BP 最突出的特征。BP 网络由输入层、隐层和输出层三部分组成，其学习过程可以分为信息的正向传播和误差的反向传播两个过程。第一个过程由输入层各神经元获取外界传输的信息，向中间层神经元传达。然后中间层根据信息变化的需要选择单隐层结构或多隐层结构对信息进行转换，并传递给输出层。当输出的结果与期望的结果存在较大的偏差时，便会进入第二个阶段。这一阶段会按照误差梯度下降的方式对每层的权值进行调整，误差沿着原来的路径返回。学习过程会一直反复进行，直到误差达到最小或者在人们可接受的范围之内，过程才会停止。确定隐含层的节点数可以采用以下三种方法：

$$t = \sqrt{p+q} + b \qquad\qquad (6-7)$$

$$\sum_{i=0}^{p} C_t^i > m \qquad\qquad (6-8)$$

$$t = log_2^p \qquad\qquad (6-9)$$

其中，m 表示样本数，p，q 分别表示输入和输出的神经元个数，b 表示常数，范围是（1，10）。本书采用第二种方法确定隐含层节点数。

由于影响碳价的因素是错综复杂的，其波动是非线性的。而
BP 神经网络可以通过历史信息建立变量之间的非线性关系，从而达
到预测的目的。所以本书通过 BP 神经网络预测碳价格。其中，通
过 Alasso 模型筛选得到的对碳价有显著影响的变量为输入层神经
元，碳价格为输出层的神经元。隐含层的传递函数使用的是 tansig 函
数，tansig（n）=2/［1+exp（-2n）］-1，输出层的传递函数使用的是
purelin 函数。BP 神经网络的具体结构如图 6-3 所示。

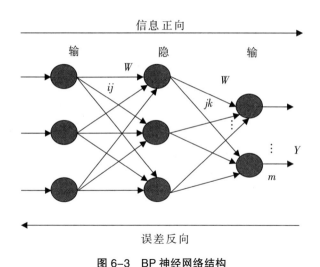

图 6-3　BP 神经网络结构

二、变量选择及数据来源

（一）因变量

本书的因变量为湖北碳排放交易所的每日成交价（HBEA 成交
价），同时假设湖北碳交易市场是一个相对封闭的市场，受外界的影
响很小。

（二）自变量

碳市场价格的影响因素错综复杂，很多学者对其进行了研究归

纳，在此基础上，为了尽量减少遗漏变量带来的偏差，本书将全面考虑可能影响碳价的因素，主要包括以下五个维度。

1. 同类替代产品价格

不同碳资产的属性是大同小异的，它们的价格之间相互影响，具有关联性。替代产品与对碳价的影响具体表现为：当替代产品的价格高时，碳资产的需求量高，两者之间的关系为正。本书选择欧盟碳排放配额（EUA）（X_1）和核证减排量（CER）（X_2）两种具有代表性的碳资产。

2. 碳排放权的需求

碳排放权是一种商品，其价格的形成是受碳市场供需影响。本书选取湖北碳排放交易市场的交易量（X_3）近似认为碳排放权的需求。

3. 宏观经济环境

经济高速增长时，人们对产品的需求增加，为了满足需求，企业要增大产品的供给，其生产活动频繁，导致对碳配额需求增加，碳资产价格上涨。反之，则价格下跌。本书选择沪深300指数（X_4）代表国内的经济情况。

4. 能源价格

各种能源的使用是碳排放的主要源头，电力企业是欧盟排放权交易体系中重要的参与方。不同能源产生的碳排放量和价格不同，但是由于作用相同使企业可以在不同能源使用之间相互转换。能源的价格波动导致其使用量的变动，进而直接影响碳排放量。能源价格上涨会推动碳价提高，而能源价格下跌会导致碳价降低。故本书将选取焦煤期货结算价（连续）（X_5）和原油（中国大庆）现货价（X_6）代表能源价格。

5.气温情况

气温（X_7）是通过能源消费间接影响碳排放量，过高和过低的极端气温会使空调和取暖设备使用增加，能源消费增大，从而导致碳排放量上涨。把气温设为虚拟变量，将当天的平均气温视为湖北当天的气温，以湖北省2011年以来的平均气温作为基准。如果当天的气温高于基准值，较为炎热，记为1；如果当天的气温低于基准值，较为寒冷，记为0。

需要强调的是，由于前文假设湖北碳交易市场是一个相对封闭的市场，受外界的影响很小，但是其并不是完全封闭的，外界影响也不是完全不会影响湖北碳交易市场的活动。所以，在选择自变量时，国际变量仅仅考虑了可能会直接影响碳价格的同类替代产品价格。

（三）数据来源

样本选择的区间为2015年1月1日至2017年12月31日，剔除非工作日、当日无碳交易、自变量数据缺失的样本，共得到662组数据。将数据分为训练样本和测试样本，前550组日度数据为训练样本，剩下112组日度数据为测试样本。各变量的数据来源如表6-1所示。

表 6-1　变量及数据来源

类别	变量符号	变量含义	单位	数据来源
因变量	Y	HBEA 成交价	元/吨	中国碳排放交易网
同类替代产品价格	X_1	欧盟碳排放配额期货结算价（连续）	欧元/吨	Wind 数据库
	X_2	核证减排量期货结算价（连续）	元/吨	Wind 数据库
碳配额需求	X_3	HBEA 交易量	吨	中国碳排放交易网
宏观经济环境	X_4	沪深 300 指数	点	Wind 数据库
能源价格	X_5	焦煤期货结算价（连续）	元/吨	Wind 数据库
	X_6	原油（中国大庆）现货价	美元/桶	Wind 数据库
气温	X_7	气温	—	2345 天气预报

三、湖北省碳交易市场价格分析

对 2015 年 1 月 1 日至 2017 年 12 月 31 日的湖北碳排放交易所的 HBEA 每日成交价的描述性统计见表 6-2。

表 6-2　HBEA 成交价描述性统计

均值	中位数	标准差	最大值	最小值	偏度	峰度	Jarque-Bera 值	P 值
19.2252	17.8300	4.5010	28.6900	10.0700	0.1458	1.6731	55.6815	0.0000

由表 6-2 可知，HBEA 成交价的最大值为 28.6900，最小值为 10.0700，均值为 19.2252，大于中位数 17.8300，表明在样本期间内，HBEA 成交价高于 17.8300 的数据偏多；标准差为 4.5010，表明 HBEA 成交价存在一定程度的分散；偏度为 0.1458，峰度为 1.6731，表明 HBEA 成交价的分布是不对称的，且相对于正态分布是平缓的；JB 统计量为 55.6815，P 值为零，表明 HBEA 成交价序列不服从正态分布。由描述性统计分析结果可知，HBEA 成交价在样本期间存在一定的波动性且不服从正态分布。

为了较为准确地估算湖北省农业碳价值的大小，需要对未来一段时间的碳价格作出预测，并结合湖北碳交易市场的碳价格现状得出能更好地反映价值水平的价格。习近平总书记指出，到 2035 年基本实现现代化。到那时，我国各方面的综合实力将大幅度提升，生态环境根本好转，基本实现美丽中国的目标，人们对环境的需求达到一个较为稳定的状态，故本书选择 2018—2035 年时间段进行预测。通过前面对湖北省碳交易市场的价格分析可知，与其他碳市场相比，湖北省碳交易市场的价格一直处于低水平，且差距较大，相信随着碳交易市场的不断成熟，碳市场价格会逐步上升并趋于稳定状态。基于此，本书选择时间段中最高价作为基准价。

四、碳市场价格预测的实证研究

（一）基于 Alasso 方法的碳价影响因素变量选择

为了全面考虑可能影响碳价的因素，本书选择 7 个解释变量，但是这些变量并不是全部对碳价有显著影响，故通过 Alasso 方法对影响因素进行选择同时估计参数。由于每个解释变量的单位都不相同，为了消除各变量的量纲效应，需要对除虚拟变量外的 7 个变量数据进行归一化处理，使它们的区间变为 [-1,1]。通过 R 软件中 msgps 软件包进行 Alasso 方法分析，结合 AIC 准则，AIC 值越小越好，选择最优模型。变量选择和参数估计的结果见表 6-3。

表 6-3　变量选择与参数估计结果

变量	X_1	X_2	X_3	X_4	X_5	X_6	X_7
参数估计值	0.09539	0.21166	0.17011	0.25174	-0.45269	0.11366	-0.18195

结果表明，7 个自变量影响都是显著的。其中，欧盟碳排放配额价格、CER 期货价格、碳配额需求、沪深 300 指数和原油（中国大庆）现货价与碳价存在正向关系，焦煤期货结算价（连续）和气温与碳价存在负向关系。

在同类替代产品中，EUA 期货价格和 CER 期货价格的变动对国内碳价有一定的正向影响，因为替代产品的价格上涨会导致企业的碳排放成本的增加，这时企业可能会更乐意从国家购买碳排放权配额，所以碳价上升。国内宏观经济对碳价有正向影响，经济的发展带动了企业的生产，碳排放的需求增加，碳价上涨。在能源价格中，焦煤期货结算价与碳价呈负相关，原油价格与碳价呈正相关。因为与煤相比，原油的碳排放量较少，污染较小。当煤价格下跌或原油价格上涨时，企业更不愿意选择原油，煤的使用量增加会导致碳排放量增加，需求上升，从而导致碳价上涨。气温与碳价存在负向关系，说明较为寒冷的天气会增加取暖设备的使用，碳排放量增加，需求增加，价格上涨。

（二）基于 BP 的碳价预测实证结果及分析

由 Alasso 方法对碳价影响因素变量选择的结果可知，BP 神经网络的输入层的神经元有 7 个，分别为碳排放权需求、欧盟碳排放配额价格、CER 期货价格、沪深 300 指数、焦煤期货结算价（连续）、原油（中国大庆）现货价和气温，输出层神经元为碳价格。利用 Matlab 计算得到 BP 神经网络的训练样本拟合和训练误差如图 6-4、图 6-5 所示。

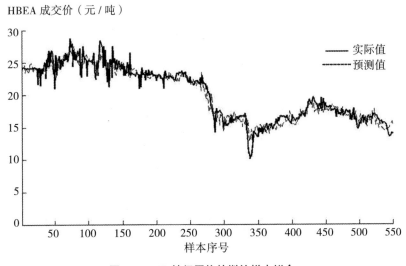

图 6-4　BP 神经网络的训练样本拟合

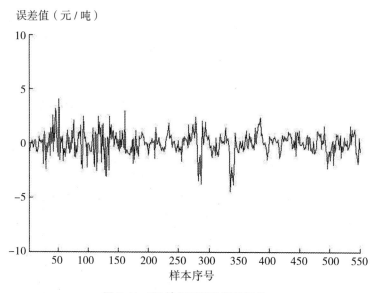

图6-5　BP 神经网络的训练误差

　　从训练样本拟合与训练误差的结果可以看出，在训练样本期间，HBEA 成交价的实际值和预测值相差不大，预测误差较小，拟合效果较优。说明 BP 神经网络模型预测短期碳价是可行的。

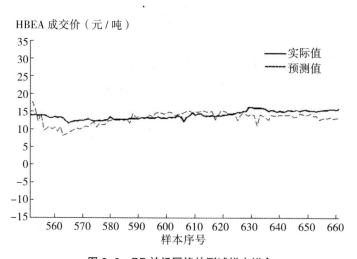

图6-6　BP 神经网络的测试样本拟合

图 6-6 是 BP 神经网络对 HBEA 的预测价格，其在真实价格上下波动，预测效果较好，进一步说明 BP 神经网络能较准确地预测碳价格。

（三）湖北省未来碳价的预测

1. 地区生产总值的预测

"十一五"和"十二五"对湖北省经济增长的预期目标是力争生产总值年均增长 10% 以上，"十三五"是生产总值比 2010 年提前翻一番。在"十三五"规划中预期 2020 年的 GDP 为 44400 亿元，五年的年均增速为 8.5%。从"十一五"到"十三五"，湖北省生产总值增长率预期值呈现出下降的态势。不只湖北省，我国其他省份的地区生产总值年均增长率目标值都在下降。

据此，本书将 2021—2035 年这 15 年划分为三个阶段，预测湖北省生产总值年均增长率按每个阶段比上一个阶段下降 1% 的速度减少。故 2021—2025 年、2026—2030 年和 2031—2035 年三个阶段的地区生产总值年均增长率分别为 7.5%、6.5% 和 5.5%。

2. 碳排放强度的预测

《"十三五"控制温室气体排放工作方案》中提出到 2020 年，单位国内生产总值二氧化碳排放与 2015 年相比下降 18%，其中，湖北碳排放强度下降的幅度略高于全国，为 19.5%。2015 年 6 月，在应对气候变化国家自主贡献文件《强化应对气候变化行动——中国国家自主贡献》中，我国政府结合国家实际发展情况，提出到 2030 年单位国内生产总值二氧化碳排放比 2005 年下降 60%—65%。故本书设定到 2030 年湖北省碳排放强度下降 65%，年均下降率为 4.11%。

3. 碳排放权需求的预测

我国有 90% 左右的碳排放没有进入碳交易市场。随着我国统一碳排放权交易市场不断完善、成熟，纳入的行业越来越多，覆盖的范围越来越广。另外，在亚洲太平洋经济合作组织（APEC）领导人峰会上，中国承诺最晚于 2030 年达到二氧化碳气体排放峰值。故本书作出保守假设，碳排放的峰值将于 2030 年达到，且碳交易覆盖范围达到最大，碳排放进入市场的年均增长率为 5.06%。也就是说随着碳排放量逐渐增加，碳交易覆盖的范围逐渐扩大，对碳排放权的需求也会上升。直到 2030 年，碳排放权的需求才会慢慢减少。结合地区生产总值和碳排放强度的预测，可以估算出 2018—2035 年碳排放需求的增长率，如表 6-4 所示。

表 6-4　2018—2035 年碳排放需求的增长率

年份	2018—2020	2021—2025	2026—2030	2031—2035
需求增长率	4.71%	4.75%	4.79%	−0.23%

4. 能源价格的预测

我国原油对外依存度非常高，从图 6-7 可以很明显地看出，我国原油净进口量在不断上涨，从 2001 年的 5271 万吨上升至 2015 年的 33261.7 万吨，年均递增率高达 14.06%，2015 年原油对外依存度突破 60%。故国内原油价格一直处于被动状态，受国际原油价格的影响非常大。2017 年 9 月，美国能源部信息管理署（EIA）发布的国际能源展望报告中，预测到 2020 年国际原油价格将达到 75 美元／桶以上，在 2035 年将超过 100 美元／桶。按照这样的趋势，本书预测原油价格的年均增长率为 1.94%。

原油净进口量（万吨）

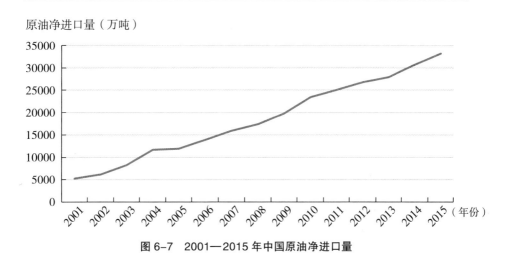

图6-7　2001—2015 年中国原油净进口量

　　中国是煤炭大国，产量居世界首位，同时能源消费严重依赖煤炭能源。根据中国统计局公布的数据，每年原煤生产总量占能源生产总量的比重高达 70%，煤炭消费总量占能源消费总量的 62%—73%。但是最近几年因为去产能、限产等政策，原煤产量增速有小幅度的下降，2012—2016 年原煤生产总量占比依次下降 1.6、0.8、1.8、1.4 和 2.6 个百分点。从供给角度来看，煤具有不可再生性，加上中国去产能化等政策，会导致煤的份额逐渐减少。中国科学院电工研究所前所长严陆光院士认为，2050 年煤炭在全国总能耗中所占的比例将由 2005 年的 70% 下降到 40%。从需求角度来看，由于煤炭的利用效率不高，环境污染严重，而且过量的碳排放需要付出一定的成本，故对煤炭的需求量也会减少。另外，由于我国能源结构的历史性和对能源的加强依赖性，我国的煤炭现状在短期内是很难改变的。故本书假定到 2035 年之前煤炭的价格不会出现太大的波动。

5. 气温因素

由于气温呈现周期性变化，且每年的气温变化不会很大，故假设气温是不变的。另外，在前文分析中有假设湖北碳交易市场是一个相对封闭的市场，受外界的影响很小。气温是外因变量，预测碳价格时视为固定变量。

6. 湖北省未来碳价预测

根据前文已建立的碳价和自变量之间的非线性函数关系，以及对各自变量的预测情况，利用 MATLAB 可以预测 2018—2035 年碳价格。由于 18 年总共有 4123 组数据，数据量太大，故本书中只列明 18 年每年碳价格的最大值、最小值和中位值，具体如表 6-5 所示。

表 6-5　2018—2035 年预测碳价格

单位：元 / 吨

年份	最大值	最小值	中位值
2018	31.11	8.59	21.37
2019	40.24	5	17.79
2020	43.43	6.15	20.03
2021	37.2	3.97	19.18
2022	37.79	8.09	21.21
2023	44	4.19	18.82
2024	38.19	7.87	21.63
2025	38.34	11.72	23.37
2026	36.96	9.39	14.39
2027	41.49	5.95	20.25
2028	42.95	4.92	21.03
2029	42.93	3.78	15.82
2030	44.39	14.04	29.33
2031	46.85	3.24	17.09

续表

年份	最大值	最小值	中位值
2032	47.92	1.44	20.58
2033	44.76	4.36	20.58
2034	40.9	4.83	21.48
2035	42.17	4.48	21.85

　　碳价和影响因素之间是非线性的函数关系，故预测价格的最大值、最小值和中位值有一定程度的波动变化。结合前文对湖北碳交易市场的价格分析，对湖北省农业碳价值进行测算时，价格以最高价格为准。从表 6-5 中可知，最大值的范围为 [31.11，47.92]，故令下文 P=47.92 元。

第三节　湖北省农业碳价值估算和时空特征分析

一、湖北省农业碳排放 / 碳汇估算

　　由于水稻作为主要的经济作物，虽然其在生长过程中产生碳汇，但通过加工成为副产品的过程以及被食用消化后的排泄产生了碳排放，以至于其的净碳汇接近于零，因此在前文对农业碳排放的测算中将其忽略，但水稻的经济价值不容忽视，因此在对湖北省农业碳价值的估算中，为了确保对湖北省农业碳价值的准确估算，将在前文对湖北省碳排放测算的基础上，加上参考闵继胜测算的湖北省水稻种植的甲烷排放系数，再根据等式 1 吨甲烷 =6.82 吨碳，对湖北省水稻的甲烷排放量进行转化得到碳排放量。水稻种植的碳排放系数及参考来源如表 6-6 所示。

表 6-6　农用物资、水稻种植的碳排放系数及参考来源

水稻种植	甲烷排放系数	参考来源
早稻	17.51 克 / 平方米	闵继胜
晚稻	39 克 / 平方米	
中季稻	58.17 克 / 平方米	

经过对 1997—2015 年湖北省稻田碳排放量的测算后，得到 1997—2015 年湖北省农业的碳排放量和碳汇量如图 6-8、图 6-9 所示。结果显示，湖北省农业碳排放量从 1997 年的 1032.08 万吨增长至 2015 年的 1130.47 万吨，19 年增长了 0.95%；农业碳汇量从 1997 年的 3569.57 万吨增长至 2015 年的 3912.15 万吨，19 年增长了 0.96%。总体来看，两者都呈现出上升态势。农业的碳汇作用具有正外部性，而碳排放具有负外部性，两者的差值就是农业带来的外部性。虽然湖北省每年农业碳汇量远远大于农业碳排放量，两者比值为 3 左右，也就是说农业大体上是具有正外部性，但是农业碳排放带来的负外部性也是不容小觑的。

具体来看，对于农业碳排放量而言，总体可以划分为"缓慢下降—急速上升—平稳上升"三个阶段。1997—2003 年为第一阶段，除了 2001 年的增速为 -4.99%，其他几年的增速都较为缓慢；2004—2009 年为第二阶段，2004 年和 2005 年的增速高达 6.5%；2010—2015 年为第三阶段，增速远小于第二阶段，围绕 1% 上下波动。对于农业碳汇量而言，总体呈现先下降后上升的趋势。1997—2003 年碳汇量一直下降，从 1997 年的 3569.57 万吨下降为 2003 年的 2807.87 万吨，下降率达 21.34%，而后 12 年大致呈现上升的趋势，虽然 2006 年和 2010 年增速为负，但是幅度很小，分别仅为 -0.81% 和 -0.03%。

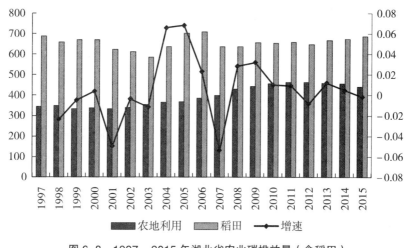

图 6-8 1997—2015 年湖北省农业碳排放量（含稻田）

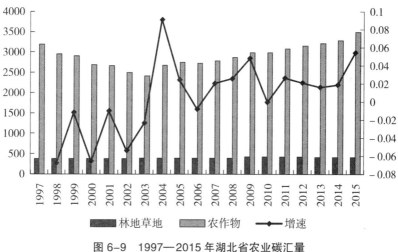

图 6-9 1997—2015 年湖北省农业碳汇量

二、湖北省农业碳价值时空特征分析

（一）湖北省农业碳价值的时序特征分析

根据 1997—2015 年湖北省农业碳排放量和碳汇量测算结果，结合碳价值公式，测算了湖北省近二十年农业显性碳价值、隐性碳价值和碳价值。1997—2015 年湖北省农业碳排放量最大值为 2014 年的

1132.43 万吨,假定农业享有的免费排放配额等于农业碳排放量历史峰值,故免费排放配额为 1132.43 万吨。

通过表 6-7 可知,湖北省农业碳价值总体来看呈现波动上升态势,由 1997 年的 225319.7 万元增长至 2015 年的 241736.4 万元,增长了 7.29%,年均增长率为 0.37%。其中,总显性碳价值由 1997 年的 175862.1 万元增长至 2015 年的 187564.1 万元,增长了 6.65%;隐性碳价值由 1997 年的 49457.5 万元增长至 2015 年的 54172.3 万元,增长了 9.53%。农业碳价值越高,说明农业经济利益越大。需要注意的是,农业显性碳价值和隐性碳价值都能带来经济收益,但后者带来经济收益的前提是要通过一定措施和手段减少农业碳排放量。而显性碳价值带来的经济收益是实实在在的。

虽然农业隐性碳价值的增长率大于显性碳价值,但是每年农业显性碳价值都是隐性碳价值的 3 倍左右,农业显性碳价值是远大于隐性碳价值的。农业显性碳价值与农业隐性碳价值的比值在某种程度上反映了湖北省低碳农业、绿色农业的发展水平。比值为 1,表明显性碳价值等于隐性碳价值;比值大于 1,表明显性碳价值大于隐性碳价值;比值小于 1,表明显性碳价值小于隐性碳价值。在其他条件固定的情况下,农业隐性碳价值越小,比值越大,一定程度上说明湖北省低碳农业、绿色农业发展越好。

从农业碳价值的计算公式上来看,由于免费碳排放配额固定,碳汇价值的变化可以反映碳价值的变化。如果农业隐性碳价值小,碳汇价值大,也就是显性碳价值与隐性碳价值的比值大,总碳价值大,则可以实现经济和生态双重效益。

表 6-7　1997—2015 年湖北省农业碳价值情况

单位：万元

年份	显性碳价值		总显性碳价值	增速（%）	隐性碳价值	增速（%）	显性碳价值/隐性碳价值	碳价值	增速（%）
	V_1+V_2	$(Q-q)P$							
1997	171053.5	4808.6	175862.1	—	49457.5	—	3.556	225319.7	—
1998	159409.6	5980.8	165390.4	-5.95	48285.3	-2.37	3.425	213675.8	-5.17
1999	157506.0	6211.4	163717.4	-1.01	48054.7	-0.48	3.407	211772.1	-0.89
2000	147146.6	6028.6	153175.1	-6.44	48237.6	0.38	3.175	201412.7	-4.89
2001	145654.6	8437.0	154091.6	0.60	45829.1	-4.99	3.362	199920.7	-0.74
2002	137797.4	8596.2	146393.7	-5.00	45669.9	-0.35	3.205	192063.6	-3.93
2003	134552.9	9132.4	143685.4	-1.85	45133.7	-1.17	3.184	188819.0	-1.69
2004	146813.5	6159.5	152973.1	6.46	48106.6	6.59	3.180	201079.6	6.49
2005	150406.5	2880.7	153287.1	0.21	51385.5	6.82	2.983	204672.6	1.79
2006	149188.8	1692.0	150880.9	-1.57	52573.9	2.31	2.870	203454.9	-0.59
2007	152258.7	4528.2	156786.8	3.91	49738.0	-5.39	3.152	206524.8	1.51
2008	156192.7	3117.6	159310.3	1.61	51148.5	2.84	3.115	210458.8	1.90
2009	163742.2	1478.6	165220.7	3.71	52787.6	3.20	3.130	218008.3	3.59
2010	163696.5	948.9	164645.4	-0.35	53317.3	1.00	3.088	217962.6	-0.02
2011	168045.0	464.1	168509.1	2.35	53802.1	0.91	3.132	222311.1	2.00
2012	171633.2	904.4	172537.6	2.39	53361.8	-0.82	3.233	225899.4	1.61
2013	174444.2	257.0	174701.3	1.25	54009.1	1.21	3.235	228710.4	1.24
2014	177768.4	0.0	177768.4	1.76	54266.1	0.48	3.276	232034.5	1.45
2015	187470.3	93.8	187564.1	5.51	54172.3	-0.17	3.462	241736.4	4.18

根据农业显性碳价值与隐性碳价值的比值和碳价值两个指标，由表 6-7 和图 6-10 可知，可以将 1997—2015 年湖北省农业碳价值量变化情况划分为三个阶段。

1997—2003 年为第一阶段，碳价值急剧减少，显性碳价值与隐性碳价值比值也急剧减少。碳价值由 1997 年的 225319.7 万元减少至

2003 年的 188819.0 万元，减少了 36500.7 万元，下降率为 16.20%。1997 年显性碳汇价值是隐性碳价值的 3.556 倍，而 2003 年两者比值仅为 3.184。由于 1998 年是极不寻常的一年，湖北省遭遇了百年难得一遇的重大洪涝灾害，导致全省农业非常巨大的损失。另外，在此阶段，"三农"问题突出，加重农民负担，打击了农民种地尤其是种粮的积极性，导致农民弃务农转务工。这一系列因素使农业显性碳价值和隐性碳价值大幅降低，且显性碳价值下降幅度大于隐性碳价值下降幅度。

2004—2010 年为第二阶段，碳价值量快速上升，而显性碳价值与隐性碳价值的比值摇摆不定。2004 年碳价值的增速为 19 年中最高，高达 6.49%。当年显性碳价值的增速也最高，为 6.46%；隐性碳价值的增速为 6.59%。2005 年和 2006 年显性碳价值和隐性碳价值的比值是 19 年中仅低于 3 的，分别为 2.983 和 2.870。造成这一状况的原因是从 2004 年起，中央一号文件连续聚焦"三农"，一系列强农惠农富农新政策出台，加大支持农业发展力度，扩大惠农成效，调动农民的积极性。不仅带动了化肥农药等农业生产资料需求的增加，也带动了种植产业全面复苏，故农业碳汇价值和显性碳价值与隐性碳价值的比值在这一阶段一直趋于上涨。可以看出，2009 年与以前年份相比，林地草地带来的碳汇价值有明显上涨。

2011—2015 年为第三阶段，碳价值和显性碳价值与隐性碳价值的比值呈稳步上升之势。碳价值量从 2011 年的 222311.1 万元增加至 2015 年的 241736.4 万元，每年的增速均保持在 1.2% 以上。两者的比值则从 3.132 稳步提高至 3.462。2012 年首次提出"互联网 +"理念，互联网技术与农业融合，提高农业的效率和质量，提升农业生产的现代化、精准化和科技化水平，加快推进农业转型升级。这在一定程度上抑制了农业生产活动碳排放量的增加，所以隐性碳价值总体上涨幅度并没有很大。至于显性碳价值，其增加主要是因为农作物，而农业带来的碳汇价值在缓慢减少，说明湖北省存在对林地草地的保护力度不强，没有有效利用农地，其利用方式还不够科学的问题。但是总体来看，显性碳价值和隐性碳价值都有一定程度增加，而且前者的增加幅度大于后者的增加幅度。另外，可以很明显地看到，2015 年的碳价值和显性碳价值与隐性碳价值的比值都达到了最高值，表明湖北省农业有真正实现经济和生态双重效益的巨大潜力。

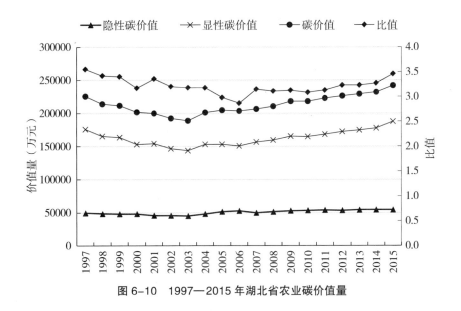

图 6-10　1997—2015 年湖北省农业碳价值量

（二）湖北省农业碳价值的空间特征分析

表 6-8 2015 年湖北省各地市州农业碳价值情况

单位：万元

地区	显性碳价值 $V_1+V_2+(Q-q)P$	隐性碳价值 qP	显性碳价值／隐性碳价值	碳价值	聚类结果
武汉市	7819.67	2741.87	2.852	10561.53	"低—低"型
黄石市	4097.11	1498.95	2.733	5596.06	"低—低"型
荆州市	26032.30	8745.45	2.977	34777.75	"低—高"型
宜昌市	13411.54	3601.85	3.724	17013.39	"高—低"型
襄阳市	30157.45	7229.27	4.172	37386.73	"高—高"型
孝感市	13161.37	5129.20	2.566	18290.57	"低—低"型
黄冈市	21360.25	7134.07	2.994	28494.32	"低—高"型
咸宁市	7206.15	2800.65	2.573	10006.80	"低—低"型
随州市	9422.55	3323.55	2.835	12746.11	"低—低"型
恩施自 治州	12338.60	2559.76	4.820	14898.36	"高—低"型
仙桃市	5516.45	1820.77	3.030	7337.22	"低—低"型
天门市	5054.48	1442.20	3.505	6496.68	"低—低"型
潜江市	3837.81	1118.95	3.430	4956.76	"低—低"型

　　碳价值量指标反映的是在农业零碳生产的这样一种理想状态下，其能带来的最大经济收益。从碳价值量指标来看，在列入研究的 13 个地市州中，襄阳市、荆州市和黄冈市位居前三，分别为 37386.73 万元、34777.75 万元和 28494.32 万元，总共占当年全省碳价值的 48.26%。潜江市的碳价值最小，仅为 4956.76 万元，还不到襄阳市碳价值的七分之一。比潜江市的碳价值稍微高点的地区是黄石市和天门

市，其碳价值都没有突破 6500 万元。

碳价值是由显性碳价值和隐性碳价值两部分构成，两者的比值在一定程度上反映了某地区低碳农业的发展水平，以及达到零碳生产需要付出的努力程度。显性碳价值越大，隐性碳价值越小，则两者比值越大，说明该地区农业固碳能力带来的价值大于减少农业碳排放带来的价值，而且为了实现最大价值，该地区只需要付出较小的努力来减少相对较少的碳排放量。由表 6-8 可知，襄阳市和恩施自治州两个地区的显性碳价值和隐性碳价值的比值最大，比值均大于 4。其中，恩施自治州的比值高达 4.820，远远高于襄阳市。宜昌市、天门市、潜江市和仙桃市的比值都大于 3，剩余的地区比值都小于 3。孝感市、咸宁市、黄石市三个地市州的比值分别以 2.566、2.573 和 2.733 居于倒数三位。

将碳价值和显性碳价值与隐性碳价值的比值进行标准化后，利用 SPSS 做聚类分析对湖北省各地市州的农业碳价值情况进行进一步的综合分析，可将各地市州农业碳价值情况分为四种类型（见表 6-9）。分析结果表明：襄阳市属于"高—高"型，也就是高比值、高碳价值，襄阳市属于亚热带季风型气候，其四季分明、光照充足、降雨适当等特点为农业生产提供了适宜的生长环境，同时在 2014 年襄阳市荣获"国家森林城市"称号；宜昌市和恩施自治州属于"高—低"型，也就是高比值、低碳价值，分布在鄂西南地区；荆州市和黄冈市属于"低—高"型，也就是低比值、高碳价值，分布在鄂东北和江汉平原地区；武汉市、黄石市、孝感市等八个地区属于"低—低"型，也就是低比值、低碳价值，集中在鄂东和部分江汉平原地区。显性碳价值和隐性碳价值的比值总体来看呈现西高东低的特点。可见，各地市州的农业碳价值情况存在较大异同，为了加快推进绿色农业的发展，既实现农业最大经济价值，又充分发挥生态效应，必须要针对各地自身的实际发展特点，因市施策。

表 6-9　湖北省各地区农业碳价值聚类结果与空间特征

类型	具体含义	分布区域	特征
"高—高"型	"高比值、高碳价值"	襄阳市	农业生产资源与环境综合优势明显
"高—低"型	"高比值、低碳价值"	宜昌市、恩施自治州	分布鄂西南地区，农业环境优势明显
"低—高"型	"低比值、高碳价值"	荆州市、黄冈市	分布在鄂东北和江汉平原地区，农业生产较为集中
"低—低"型	"低比值、低碳价值"	武汉市、黄石市、孝感市、咸宁市、天门市、潜江市、仙桃市、随州市	集中在鄂东和部分江汉平原地区，农业生产集中

注：由于十堰市、神农架林区、鄂州市三个地区数据缺失，故未列入分析。

三、湖北省农业碳价值分布演进特征

在测算的湖北省农业碳价值基础上，利用 Kernel 密度估计实证研究湖北省农业碳价值的长期演进趋势及地区差异。Kernel 密度估计可以直观描述湖北省农业碳价值分布的形态以及形态随时间变化的动态特征。

如图 6-11 所示，与 2008 年比较，2011 年密度函数明显更陡峭，峰值明显变大，变化区间明显缩小，而且从单峰变为双峰，说明地区之间的差异变小，但是出现两极分化现象。与 2011 年比较，2014 年密度函数变化没有很大，峰值稍微下降，变化区间有小幅度地扩大，说明 2014 年和 2011 年地区碳价值的动态趋势基本不变，但是地区差距有扩大的倾向。

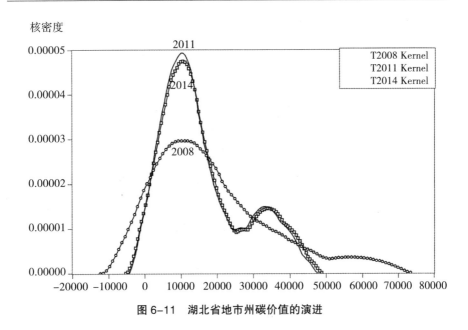

图 6-11　湖北省地市州碳价值的演进

　　湖北碳市场发展没有足够成熟，偏低的碳价格并不能真正体现农业碳价值的水平。湖北碳市场的碳价格处于较低的价位，围绕 20元／吨上下波动，2016 年 5 月之后，其一直低于 20 元／吨，同时与其他几个碳市场的碳价格存在较大的差距。利用 Alasso 方法和 BP神经网络对 2018—2035 年湖北碳价格进行预测，最大值的范围为[31.11，47.92]，故以 47.92 元的价格估算湖北省农业碳价值。

　　通过增加对稻田碳排放量的测算发现，湖北省农业碳排放量和农业碳汇量都呈现出上升态势。且湖北省每年农业碳汇量远远大于农业碳排放量，两者比值为 3 左右。对于农业碳排放量而言，总体可以划分为"缓慢下降—急速上升—平稳上升"三个阶段。对于农业碳汇量而言，总体呈现先下降后上升的趋势。

　　根据对湖北省碳价值的估算发现，湖北省农业碳价值总体来看呈现波动上升态势，湖北省各地市州的农业碳价值情况存在较大异同，且显性碳价值和隐性碳价值的比值呈现西高东低的特点。对于演进特征而言,各地市州出现两极分化现象,虽然 2014 年和 2011 年地区碳价值的动态趋势基本不变,但是地区差距有扩大的倾向。

为了实现湖北省农业碳价值,不仅要大力发展低碳农业,实现农业隐性碳价值,同时也要推进碳汇农业的发展。更为重要的是,将农业纳入碳市场交易,利用市场机制实现减排目的是一种有效的手段,既能实现环境效益,又能带来经济效益,而这种手段的最终目的就是实现碳的价值。所以,农业碳价值实现也需要不断完善碳交易市场体系。

第七章　基于公平与效率我国农业碳减排潜力分析

第一节　研究模型与数据来源

一、农业碳减排成本估算模型——Super-SBM 对偶模型

传统的 DEA 模型强调尽可能高产出和低投入，但在实际农业生产活动中的产出不仅有期望产出还存在非期望产出（即农业碳排放、农业废弃物等），传统 DEA 模型不适合评估存在非期望产出的生产活动（Tone，2002）。2003 年托思（Tone）提出将非期望产出引入 SBM 模型，反映决策单元产出不足和投入过度的程度，但此模型存在一个弊端，即会出现多个决策单元同时有效的情况，不利于后续对决策单元进行有效排序。托思为解决 SBM 模型此方面的缺陷，又提出了 Super-SBM 模型，此模型对 SBM 模型的松弛变量进行了修正，在 SBM 模型的基础上更加精确，有效估计了非期望产出，合理解决了 SBM 模型同时出现多个有效决策单元格的情况，可以对这些决策单元进行有效的排序和分析（周泽炯，2013）。Super-SBM 模型如下：

$$\rho^* = \frac{1 - \dfrac{1}{m}\sum_{i=1}^{m}\dfrac{x_i^-}{x_{i0}}}{\dfrac{1}{s_1+s_2}\left(\sum_{r=1}^{s_1}\dfrac{y_r^{-g}}{y_{r_0}^g} + \sum_{i=1}^{s_2}\dfrac{y_r^{-b}}{y_{r_0}^b}\right)} \qquad (7-1)$$

$$\text{s.t.} \, x^- \geqslant \sum_{j=1,\neq 0}^{n} \theta_j x_j, y^{-g} \leqslant \sum_{j=1,\neq 0}^{n} \theta_j y_j^g, y^{-b} \geqslant \sum_{j=1,\neq 0}^{n} \theta_j y_j^b \qquad （7-2）$$

$$x^- \geqslant x_0, y^{-g} \leqslant y_0^g, y^{-b} \geqslant y_0^b \qquad （7-3）$$

$$\sum_{j=1,\neq 0}^{n} \theta_j = 1, y^{-g} \geqslant 0, \theta \geqslant 0 \qquad （7-4）$$

其中，$\rho*$ 表示目标效率值，m 为投入因子，s 是产出因子，x 和 y 分别代表投入和产出，上标有"g"的代表期望，上标有"b"的代表非期望，上标有"$-$"的代表松弛量，下标有"0"的代表被评价决策单元。

根据线性规划的原理，再加上借鉴李南洁（2017）和陈红蕾（2018）的对影子价格的研究，本书选择 Super-SBM 模型求其对偶模型，再进行估算得到农业碳排放的影子价格，评估农业碳排放（即投入农资所产生的非预期产出）所带来的成本。

Super-SBM 的对偶模型如下：

$$\delta^* = \text{MAX} \, dp^g g_0 - \left(\sum_{r=1}^{m} dp^{x_i} x_{i0} \right) - dp^c c_0 \qquad （7-5）$$

$$\text{s.t.} \sum_{j=1}^{n} dp^g g_i - \sum_{j=1}^{n} \left(\sum_{r=1}^{m} dp^{x_i} x_{i0} \right) - \sum_{j=1}^{n} dp^c c_j; dp^{x_i} \geqslant \frac{1}{m x_{i0}}, i = 1, \ldots, m \qquad （7-6）$$

$$dp_g \geqslant \frac{1 + dp^g g_0 - \left(\sum_{r=1}^{m} dp^{x_i} x_{i0} \right) - dp^c c_0}{2g_0} \qquad （7-7）$$

$$dp_c \geqslant \frac{1 + dp^g g_0 - \left(\sum_{r=1}^{m} dp^{x_i} x_{i0} \right) - dp^c c_0}{2c_0} \qquad （7-8）$$

其中，c 为非期望产出的农业碳排放量，g 为期望产出农业总产值，通过 Super-SBM 的对偶模型可求解各变量的对偶价格：投入（或产出）变动一单位，目标函数数值的变化（宋博，2015）。考虑到本书的目的是求解碳排放的边际减排成本（减少一单位碳排放所导致实际农业总产值的减少量），因此本书利用农业碳排放的对偶价格 dp_c 及农业产值的对偶价格 dp_g，求解农业碳排放的影子价格为：

$$p_c = -p_g \times \frac{dp_c}{dp_g} \qquad\qquad （7-9）$$

二、农业碳减排潜力指数评估模型

基于公平和效率的原则估算农业碳减排指数 ACACI（吴贤荣，2015）。其公式如下：

$$ACACI_{n,t} = \alpha \times Equity_{n,t} + \beta \times Efficiency_{n,t} \qquad （7-10）$$

本书将利用 2000—2016 年全国 29 个省（自治区、直辖市）的面板数据来估算农业碳减排指数，α 和 β 分别代表公平指数的权重值和效率指数的权重值，代表决策者基于效率与公平的原则进行决策，其中 $\beta=1-\alpha$，$\alpha \in [0,\ 1]$，$\beta \in [0,\ 1]$；n 为省份，t 为年份。农业碳减排公平指数为 $Equity_{n,t} = a \times C + \beta \times P$，其中 C 代表人均农业碳排放量，P 代表人均农业总产值，并赋予相应权重；农业碳减排效率指数为 $Efficiency_{n,t} = a \times QD + \beta \times P_c$，其中 QD 代表农业碳排放强度，P_c 代表农业碳排放影子价格，并赋予相应权重。

三、数据来源

本章数据均来自历年的《中国农村统计年鉴》《固定资产投资统计年鉴》及各省（自治区、直辖市）的统计年鉴。Super-SBM 对偶模型的投入、产出指标及数据处理方法如表 7-1 所示：

表 7-1　Super-SBM 对偶模型的投入、产出指标描述

指标		单位	衡量标准
投入要素 x	资本投入	10^8 元	农业资本存量，利用永续盘存法计算得出
	劳动力投入	10^4 人	第一产业年末从业人员数

指标		单位	衡量标准
投入要素 x	土地投入	10^3 公顷	耕地面积（包括水田、水浇地及旱地）
期望产出 y	农业总产值	10^8 元	以 2000 年为基期，换算成可比价表示的地方农业总产值
非期望产出 c	农地利用碳排放	10^4 吨	各省（自治区、直辖市）农地利用碳排放总量

具体估算出 2000—2016 年 29 个省（自治区、直辖市）的人均农业总产值、人均农业碳排放（种植业碳排放）、农业碳排放强度和农业碳排放影子价格这四项指标的面板数据，并对这四项指标进行线性转换，通过以下公式获得标准化值 $z*$：

$$Z_n = \frac{Z_n - \mathrm{Min}\, Z}{\mathrm{Max}\, Z - \mathrm{Min}\, Z} \qquad （7-11）$$

利用 Max DEA 7.0 软件与 Excel 得出计算结果，带入农业碳减排潜力指数模型中，得到农地利用碳减排潜力指数。

（1）人均农业碳排放。即农业碳排放总量与产业从业人员数之比。

（2）人均农业总产值。农业总产值取地方农业总产值，并统一换算成按 2000 年不变价计算的实际农业总产值，再求得人均农业总产值。

（3）农业碳排放强度。即单位耕地面积的碳排量。

（4）农地利用碳排放影子价格。利用 Super-SBM 对偶模型求得。

第二节　农业碳减排成本分析

农业碳排放影子价格即农业碳排放的边际减排成本，即在生产投入和产出一定的条件下，实现农业碳减排所需要付出的成本，反映了农业减少非期望产出所要放弃的期望产出值。农业碳排放影子价格越大则说明所需付出的农业碳减排成本越高，即减少一单位的农业碳排放所导致的实际农业生产总值的减少量越大，对实现农业碳减排的阻力也就越大。

通过 Super-SBM 对偶模型求得 29 个省（自治区、直辖市）2000—2016 年的农业碳排放影子价格，将 2000—2016 年农业碳排放影子价格求得平均数，然后进行排名。如表 7-2 所示，从时序特征来看，大部分省（自治区、直辖市）的碳排放影子价格出现"先升后降"的趋势，大部分省（自治区、直辖市）的碳排放影子价格从 2000 年开始出现快速增长，在近几年才出现缓慢下降，说明随着我国大力发展低碳经济，不断加快"减排增效"的进程，减排空间越来越小，减排所需付出的成本越来越高，但随着农业科技进步，减少了减排成本，提高了减排效率。

从区域特征来看，发现 2016 年农业碳排放影子价格从高到低排名前五的是四川、山东、河南、湖南和广东，大部分是传统农业大省或者是沿海经济发达地区，侧面反映出这些省（自治区、直辖市）农业碳减排难度较大，必须付出较大的减排成本才能达到碳减排目标。如四川、山东、河南和湖南这些省（自治区、直辖市）为传统农业大省，农业经济发展水平相对较高，这些地区土壤、自然和气候等生产条件有利于农作物生长，所以在投入相同生产要素时，产出效率相对于其他省（自治区、直辖市）更高，减少一单位农业碳排放所减少的农业总产值更高；其中广东为经济发达地区，二三产业发展迅速，城市化和工业化的进程不断加快，建设占用农业用地的情况较为严重，农地资源更加有限，再加上农业产业结构方面，广东种植业产值大幅下降，渔业和畜牧业产值比重大幅上升，如果实施农业碳减排政策，可能会付出较高的代价。

　　排名后五的是海南、天津、西藏、青海和宁夏，其中海南和天津以观光休闲农业为主，大力发展高端农业，农地产出水平较高，且碳排放相对较小，若进行农业碳减排，可能会使得边际产出大大减少；西藏、青海和宁夏农业碳排放影子价格均小于 100 元 / 吨，发现这些省（自治区、直辖市）大部分位于西部地区，由于这些省（自治区、直辖市）农业经济发展相对落后，且生产环境较为恶劣，人口稀少，耕地质量日益下降，盐渍化、沙漠化问题严重，所以减少农业碳排放所付出的经济成本较小。

表 7-2　2007—2016 年 29 个省（自治区、直辖市）农业碳排放影子价格

单位：元 / 吨

年份 省份	2007	2008	2009	2010	2011	2012	2013	2014	2015	2016	均值	排名
北京	336.28	388.37	517.28	629.82	713.76	279.96	935.28	953.32	945.66	1000.31	437.80	17
天津	104.70	114.79	121.14	162.95	171.92	198.15	225.92	246.32	255.74	243.92	141.33	26
河北	624.51	773.86	914.93	1342.72	1540.80	1748.91	2006.82	1856.54	1744.97	1801.12	1049.74	7
山西	189.39	205.97	462.88	550.92	594.06	622.09	684.20	714.80	688.18	634.60	374.67	22
内蒙古	394.88	406.62	405.09	507.79	600.40	607.09	603.80	588.17	508.58	470.96	420.21	19
辽宁	465.13	490.25	511.19	678.31	706.32	844.60	877.39	911.70	1012.44	983.91	587.68	14
吉林	277.03	268.04	279.52	298.24	336.93	381.92	383.64	368.50	356.65	248.15	241.34	24
黑龙江	427.75	510.66	501.85	515.39	716.23	1001.79	1331.84	1288.98	1080.20	948.74	611.21	12
浙江	487.31	546.48	605.34	821.20	956.72	1058.53	1220.30	1233.79	1239.19	1334.53	728.43	9
安徽	272.00	778.48	835.08	1067.24	1183.89	1235.38	1308.68	1324.00	1270.81	1314.77	717.08	10
福建	434.01	489.63	519.83	688.76	844.63	965.60	1053.95	1180.46	1203.99	1376.70	650.73	11
江西	368.20	411.84	424.30	483.24	559.40	626.04	641.72	679.89	808.18	888.54	476.08	15

续表

年份\省份	2007	2008	2009	2010	2011	2012	2013	2014	2015	2016	均值	排名
山东	1620.03	1947.43	2357.39	2828.40	2891.26	2930.38	3522.67	3668.21	3627.88	2958.81	2096.11	2
河南	1168.70	1303.56	1454.31	1981.44	1829.93	2009.86	2044.90	2144.63	2009.09	1770.30	1436.68	3
湖北	694.64	898.53	956.36	1385.76	1734.63	1892.52	2027.20	2033.24	1953.00	1995.00	1120.18	6
湖南	915.56	1162.94	1228.67	1827.41	2110.23	2455.89	2438.64	2510.04	2570.36	2735.43	1416.44	4
广东	1133.62	1261.93	1119.88	1367.68	1602.39	1758.09	2013.32	2067.01	2137.85	2480.76	1383.79	5
广西	500.96	596.98	553.46	697.61	872.08	872.64	910.33	919.29	953.43	1017.37	596.53	13
海南	87.27	104.75	110.50	121.15	142.25	179.58	166.63	194.20	194.29	245.91	166.66	25
重庆	283.29	317.01	345.72	412.41	522.48	583.91	614.42	636.81	662.35	764.55	402.10	21
四川	1337.62	4936.18	2107.92	2454.46	3015.42	3443.57	3549.39	3691.96	4092.75	4098.83	2267.55	1
贵州	345.08	394.01	431.50	572.77	647.13	857.57	1012.32	1461.73	6216.83	2147.54	1033.49	8
云南	336.03	356.47	397.38	380.23	455.42	592.08	688.26	717.43	648.74	634.91	434.80	18
西藏	113.27	129.34	146.23	46.04	45.83	46.78	43.93	50.44	48.80	49.76	77.45	27
陕西	277.96	356.78	327.28	482.53	593.12	594.28	678.72	751.40	688.77	700.73	406.23	20
甘肃	219.78	236.48	257.20	326.45	321.43	356.08	385.46	380.67	376.88	360.67	258.11	23
青海	39.22	46.35	41.62	73.04	77.00	83.33	96.97	91.70	89.83	97.75	53.40	28
宁夏	35.05	39.25	39.10	53.10	61.62	61.88	69.29	67.95	77.76	72.22	43.77	29
新疆	402.85	325.65	362.26	732.21	628.01	715.74	675.56	581.64	517.42	528.97	446.74	16
平均	529.97	726.89	678.14	849.98	949.54	1033.87	1140.80	1177.63	1333.19	1197.39	—	—

注：由于上海和江苏一部分数据缺失，则本书将对29个省（自治区、直辖市）进行测量。2000—2016年数据较多且篇幅有限，只列出近十年数据。

第三节　农业碳减排潜力分析

一、农业碳排放公平与效率现状分析

首先，由于农业碳减排影子价格越高，说明减少一单位的农业碳排放所带来的经济成本越高，减排空间越小，减排效率越低，所以将

农业碳排放影子价格指标进行逆标准化处理，得到逆标准化值映射在
[0, 1] 区间中，且逆标准化值越小，则表示实际的农业碳排放影子价
格越高，减排效率越低。对人均农业碳排放、人均农业总产值和农业
碳排放这三个指标，通过标准化方法进行转换，得到标准化值。

其次，基于公平和效率的视角，计算出 29 个省（自治区、直辖
市）的农业碳排放公平指数和农业碳排放效率指数，农业碳排放公平
指数包括人均农业碳排放指标和人均农业总产值指标，代表了平等的
碳排放权利和支付能力等公平原则，指数越高，公平性越强；农业碳
排放效率指数包括农业碳排放强度指标和农地利用碳排放影子价格指
标（吴贤荣，2014），指数越高，效率性越强。

最后，将 29 个省（自治区、直辖市）划分为"高—高"型、"高—
低"型、"低—高"型和"低—低"型四个类型。"高—高"型为公平
且高效率，即碳排放公平指数大于平均值，碳排放效率指数也大于平
均值；"高—低"型为公平但低效率，即碳排放公平指数大于平均值，
但碳排放效率指数小于平均值；"低—高"型为欠公平但高效率，即
碳排放公平指数小于平均值，但碳排放效率指数大于平均值；"低—
低"型为欠公平且低效率，即碳排放公平指数小于平均值，碳排放效
率指数也小于平均值，通过计算得到表 7-3 结果。

表 7-3　公平与效率视角下各指标平均值及指数

省份	公平指标		效率指标		公平指数	效率指数	分类
	人均农业碳排放（万吨/万人）	人均农业总产值（亿元/万人）	农业碳排放强度（千克/公顷）	农业碳排放影子价格（元/吨）			
北京	0.399	1.924	1014.481	437.800	0.8082	0.3452	"高—高"型
天津	0.512	1.685	860.371	141.330	0.8407	0.3966	"高—高"型
河北	0.381	0.874	876.037	1049.743	0.4602	0.2656	"高—高"型

省份	公平指标		效率指标		公平指数	效率指数	分类
	人均农业碳排放（万吨/万人）	人均农业总产值（亿元/万人）	农业碳排放强度（千克/公顷）	农业碳排放影子价格（元/吨）			
山西	0.223	0.598	351.358	374.668	0.2225	0.1146	"低—低"型
内蒙古	0.376	0.910	255.817	420.208	0.4668	0.0737	"高—低"型
辽宁	0.348	0.929	535.451	587.679	0.4461	0.1595	"高—低"型
吉林	0.420	0.798	370.858	241.343	0.4735	0.1546	"高—低"型
黑龙江	0.395	0.945	225.775	611.211	0.4959	0.0463	"高—低"型
浙江	0.403	1.205	1285.308	728.426	0.5855	0.4226	"高—高"型
安徽	0.253	0.633	702.823	717.078	0.2622	0.2130	"低—低"型
福建	0.314	0.948	1557.520	650.731	0.4196	0.5245	"高—高"型
江西	0.229	0.612	668.102	476.075	0.2326	0.2162	"低—低"型
山东	0.334	0.950	1014.437	2096.108	0.4393	0.3049	"高—高"型
河南	0.253	0.620	900.203	1436.680	0.2581	0.2686	"低—高"型
湖北	0.254	0.715	816.128	1120.179	0.2889	0.2426	"低—低"型
湖南	0.180	0.650	789.573	1416.437	0.1979	0.2289	"低—低"型
广东	0.212	0.750	1131.198	1383.787	0.2599	0.3525	"低—高"型
广西	0.185	0.464	643.246	596.532	0.1440	0.1978	"低—低"型
海南	0.322	0.781	974.215	166.655	0.3746	0.4137	"高—高"型
重庆	0.182	0.593	535.455	402.098	0.1818	0.1770	"低—低"型
四川	0.150	0.655	497.808	2267.551	0.1708	0.1177	"低—低"型
贵州	0.083	0.362	238.144	1033.490	0.0146	0.0358	"低—低"型
云南	0.155	0.349	415.186	434.795	0.0792	0.1294	"低—低"型
西藏	0.076	0.337	171.400	77.447	0.0000	0.2783	"低—高"型
陕西	0.261	0.606	546.892	406.232	0.2613	0.1805	"低—低"型
甘肃	0.193	0.409	336.630	258.108	0.1343	0.1362	"低—低"型
青海	0.106	0.363	236.076	53.396	0.0368	0.4314	"低—高"型
宁夏	0.313	0.510	388.792	43.773	0.2807	0.5784	"低—高"型
新疆	0.600	1.324	580.349	446.739	0.8110	0.1876	"高—低"型
均值	0.295	0.863	692.286	652.401	—	—	—

　　由表7-3可知，属于"高—高"型的有7个省（自治区、直辖市），分别是北京、天津、河北、浙江、福建、山东和海南。这7个省（自治区、直辖市）从地理位置上来看，大部分位于我国北方地区。北京、天津和海南的农业碳排放影子价格普遍偏低，表明边际减少单位土地面积碳排放所减少的总产值较小，对农业生产活动影响较小，减排效率较高，并且北京、天津和海南发展"旅游＋农业"总产值较高，经济效益较高。河北和山东均为农业大省，其农业生产能力较强，农业总产值较高，对农业碳排放公平指数贡献较大，使得整体公平指数较高，但这些地区农业碳排放强度较大，导致农业碳排放效率指数高于平均值，因此农业碳排放效率较高，减排重点应该放在提高农业劳动生产效率和农业资源利用效率上，推动农业规模经营，增加农民收益的同时积极优化调整农地利用结构。而浙江和福建均为发达地区，农业相较于其他产业发展较为缓慢，比较效益上农业处于弱势，农地比例逐年减少，建设占用农地数量增多，导致单位农地面积的碳排放越来越多，农业碳排放强度逐年提高，从而使农业碳排放效率指数过高。较高的农业碳减排公平指数与效率指数使得这7个省（自治区、直辖市）农业碳减排空间较大。

　　有5个省（自治区、直辖市）属于"高—低"型：内蒙古、辽宁、吉林、黑龙江和新疆。这5个省（自治区、直辖市）从公平的视角来看具有较高的公平性，但效率的视角则具有较低的减排效率。内蒙古、新疆、吉林、黑龙江和辽宁，处于较高纬度地区，光照充足，昼夜温差较大，有助于农作物营养的积累，并且农作物品质较佳（如东北大米、新疆哈密瓜），在全国具备较好的品牌优势，农业总产值较高，使得农业碳排放公平指数较高。这5个省（自治区、直辖市）的农业碳排放效率指标较低主要是因为受农业碳排放影子价格影响较大，农业碳排放影子价格较高，减排难度较高。

属于"低—高"型的有5个省（自治区、直辖市），分别是河南、广东、西藏、青海和宁夏。从空间维度上看，西藏、青海和宁夏处于西部地区。一方面，由于地处较为偏远地区，大多地区水分、气候和土壤等自然条件较差使得农作物生长条件较差，农地开发有限，生产能力较差，致使农业总产值不高，受其影响农业碳排放公平指数低于均值；另一方面，由于农业碳排放影子价格偏低的拖累，使其拥有较高的农业碳排放效率指数，减排空间较大。而河南和广东由于农业从业人员人数众多，拉低了人均农业总产值，进而使得农业碳减排公平指数较低。此外，较高的农业碳排放强度使得农地利用碳排放的效率指标偏高，说明农地耕作方式还是粗放式，减排重点在于在单位农地上减少农资投入和非期望产出，提高资源利用效率，大力发展绿色农业。

属于"低—低"型的有12个省（自治区、直辖市），分别是湖南、湖北、山西、广西、安徽、江西、甘肃、重庆、陕西、四川、云南和贵州。最明显的特征是有较低的人均农业总产值和较高的农业碳排放影子价格。其中，安徽、江西、湖南和湖北为农业大省，主要的农产品生产基地，对全国贡献大，且平原耕地土地平坦、土壤肥沃，有较高的农产品产出，但是经济产出较低，农民人均收入低，农业集约程度不高，规模小且分散的小农经营方式，效益低，从而造成农业碳排放公平指数较低。农业碳排放影子价格较高，主要由于该地区是国家粮食生产的基地，在确保粮食安全方面发挥重要作用。减少单位农业碳排放会大幅减少农业总产值，减排代价较高，减排潜力较小。山西、广西、甘肃、陕西、重庆、四川、云南和贵州均位于西北或西南地区，地形崎岖，农地面积有限，人均农业总产值较低，同时农业碳排放强度也不高，导致农业碳排放公平指数和效率指数均普遍较低。

二、农地利用碳减排潜力指数分析

假定基于三种原则，原则一：效率与公平相等原则，即农业碳排放公平指数的权重与农业碳排放效率指数的权重相等，$\alpha = \beta = 1/2$；原则二：公平优先原则，即农业碳排放公平指数的权重大于农业碳排放效率指数的权重，$\alpha = 2/3 > \beta = 1/3$；原则三：效率优先原则，即农业碳排放公平指数的权重小于农地利用碳排放效率指数的权重，$\alpha = 1/3 < \beta = 2/3$。得到结果如表 7-4 所示。

表 7-4　农业碳减排潜力指数值

省份	公平与效率相等（$\alpha = 1/2$）		公平优先（$\alpha = 2/3$）		效率优先（$\alpha = 1/3$）	
	ACACI	排名	ACACI	排名	ACACI	排名
北京	0.5767	2	0.6510	3	0.4624	3
天津	0.6187	1	0.6739	1	0.5233	2
河北	0.3629	9	0.4971	7	0.2630	10
山西	0.1686	24	0.2066	23	0.1408	25
内蒙古	0.2703	14	0.3670	14	0.1958	17
辽宁	0.3028	12	0.3991	9	0.2239	14
吉林	0.3140	10	0.3982	10	0.2429	13
黑龙江	0.2711	13	0.3928	12	0.1852	18
浙江	0.5040	3	0.6117	4	0.3879	4
安徽	0.2376	17	0.3104	16	0.1831	20
福建	0.4720	5	0.5400	6	0.3800	6
江西	0.2244	19	0.2695	20	0.1835	19

省份	公平与效率相等（α = 1/2）		公平优先（α = 2/3）		效率优先（α = 1/3）	
	ACACI	排名	ACACI	排名	ACACI	排名
山东	0.3721	8	0.5424	5	0.2764	9
河南	0.2633	16	0.3762	13	0.1991	16
湖北	0.2658	15	0.3611	15	0.2030	15
湖南	0.2134	21	0.2997	17	0.1702	22
广东	0.3062	11	0.3940	11	0.2461	12
广西	0.1709	23	0.2135	22	0.1410	24
海南	0.3941	7	0.4057	8	0.3533	7
重庆	0.1794	22	0.2020	24	0.1573	23
四川	0.1443	25	0.2707	19	0.1125	27
贵州	0.0252	29	0.0696	27	0.0261	29
云南	0.1043	28	0.1273	26	0.0944	28
西藏	0.1392	26	0.0017	29	0.2474	11
陕西	0.2209	20	0.2729	18	0.1772	21
甘肃	0.1353	27	0.1465	25	0.1295	26
青海	0.2341	18	0.0399	28	0.3831	5
宁夏	0.4295	6	0.2601	21	0.5538	1
新疆	0.4993	4	0.6683	2	0.3505	8

注：上海和江苏部分数据缺失，故不列入本书研究中。

基于公平和效率相等原则，即决策者既注重经济利益和权利的平等又注重投入的资源合理配置和高效利用，对于各省（自治区、直辖市）的农业碳减排认可的同时注重区域减排的公平性和效率性。农业碳减排潜力指数排名前十的是天津（0.6187）、北京（0.5767）、浙江（0.5040）、新疆（0.4993）、福建（0.4720）、宁夏（0.4295）、海南（0.3941）、山东（0.3721）、河北（0.3629）和吉林（0.3140），排名后十位是陕西（0.2209）、湖南（0.2134）、重庆（0.1794）、广西（0.1709）、山西（0.1686）、四川（0.1443）、西藏（0.1392）、甘肃（0.1353）、云南（0.1043）和贵州（0.0252）。

基于公平优先原则，即决策者认为各省（自治区、直辖市）的减排责任的分配应该更加注重公平性。农业碳减排潜力指数排名前十的是天津（0.6739）、新疆（0.6683）、北京（0.6510）、浙江（0.6117）、山东（0.5424）、福建（0.5400）、河北（0.4971）、海南（0.4057）、辽宁（0.3991）和吉林（0.3982），排名后十位是湖南（0.2997）、山西（0.2066）、重庆（0.2020）、广西（0.2135）、四川（0.2707）、甘肃（0.1465）、青海（0.0399）、云南（0.1273）、西藏（0.0017）和贵州（0.0696）。

根据效率优先原则，即决策者认为各省（自治区、直辖市）的减排责任分配应更加注重减排效率，能有效减排的省（自治区、直辖市）应该更多承担减排任务。农业碳减排潜力指数排名前十的是宁夏（0.5538）、天津（0.5233）、北京（0.4624）、浙江（0.3879）、青海（0.3831）、福建（0.3800）、海南（0.3533）、新疆（0.3505）、山东（0.2764）和河北（0.2630），排名后十位的是安徽（0.1831）、陕西（0.1772）、湖南（0.1702）、重庆（0.1573）、广西（0.1410）、山西（0.1408）、甘肃（0.1295）、四川（0.1125）、云南（0.0944）和贵州（0.0261）。

根据表7-4绘制出图7-1，更加直观地显示出29个省（自治区、直辖市）在三个不同优先原则下的农业碳减排潜力的地区差异。综合各项指标测算得到碳减排潜力指数，据此可以发现，北京、天津和浙江在三个不同优先原则下农业碳减排潜力指数均排名前五，这说明相较于其他省（自治区、直辖市）在农业方面具有较强的减排能力，能

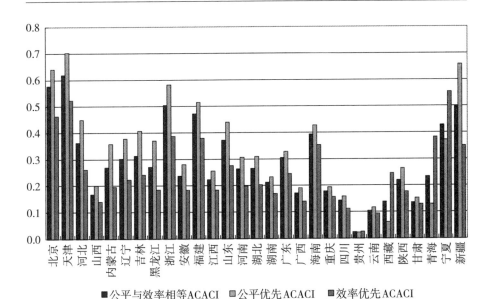

■公平与效率相等ACACI　　□公平优先ACACI　　■效率优先ACACI

图7-1　不同原则下各省（自治区、直辖市）农地利用碳减排潜力指数

够承担减少一单位碳排放所带来的经济成本，且在农业领域具有一定的碳减排潜力和优势，可以分配更多的减排任务。四川、贵州、云南和甘肃在三个不同优先原则下农业碳减排潜力指数均排名后五，这些地区均位于西部地区，四川和贵州主要受较高的农业碳排放价格影响，减排成本较高，而云南和甘肃由于本省农业碳排放较少，减排潜力有限。

据图7-2可知，在不同的原则下，决策者根据不同原则得到不同的农业碳减排潜力指数，在决定减排任务上会有不同的分配结果。相较于公平与效率相等原则，采用公平优先原则时，排名上升的省（自治区、直辖市）有山东、山西、内蒙古、辽宁、吉林、陕西、河北、四川、湖南、云南、黑龙江、甘肃和新疆，这表明在公平优先原则下，这13个省（自治区、直辖市）应该分配更多的减排任务；排名

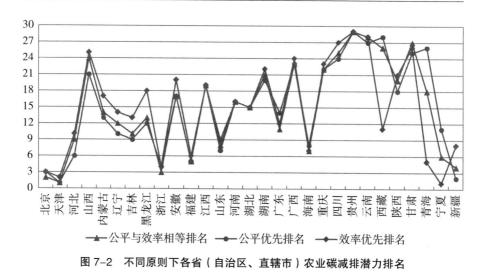

图7-2　不同原则下各省（自治区、直辖市）农业碳减排潜力排名

下降的有北京、海南、浙江、广东、西藏、青海和宁夏，其中青海排名变动最大，下降了8名。当采用效率优先原则时，排名上升的省（自治区、直辖市）有广东、西藏、甘肃、青海和宁夏，其中青海上升幅度最大，上升了13名，排名上升意味着在效率优先原则下，决策者会更多分配减排任务。

首先，将农业碳排放作为非期望产出，利用Super-SBM对偶模型对29个省（自治区、直辖市）的农业碳减排成本进行测算，求得影子价格。总体来看，大部分省（自治区、直辖市）的碳排放影子价格先快速增长，随后出现微弱下降的趋势；区域特征来看，农业碳排放影子价格较高的为传统农业大省或者是沿海经济发达地区，西部欠发达地区的农业碳排放影子价格普遍较低。其次，在公平和效率原则的基础上，计算29个省（自治区、直辖市）的农业碳排放公平性指数和效率性指数，并分为四类："高—高"型、"高—低"型、"低—高"

型和"低—低"型。"高—高"型：北京、天津、山东、河北、海南、福建和浙江；"高—低"型：内蒙古、辽宁、吉林、黑龙江和新疆；"低—高"型：河南、广东、西藏、青海和宁夏；"低—低"型：安徽、江西、湖南、湖北、山西、广西、甘肃、陕西、重庆、四川、云南和贵州。最后，分别依据效率与公平相等原则、公平优先原则和效率优先原则求农业碳减排潜力指数，发现北京、天津和浙江在三个不同优先原则下农业碳减排潜力指数均排名前五，四川、贵州、云南和甘肃在三个不同优先原则下农业碳减排潜力指数均排名后五，根据不同原则所得到的农业碳减排潜力指数，对中国各省（自治区、直辖市）进行合理且有区别地农业碳减排任务分配。

　　本书求解了农业碳排放影子价格，根据不同原则所得到的农业碳减排潜力指数，对农业碳减排任务进行合理分配，但本书没有对农业所存在的地域关联性进行分析，没有观察临近省份碳减排成本的影响因素变化对本省的影响。因此，在今后的研究中不仅研究要素对本省的影响，而且将周边地区联动起来探寻要素对临近省份的影响，研究各省（自治区、直辖市）的农业碳减排成本的地域关联性，制订详细的省域减排联动方案。

第八章　国外低碳农业发展经验借鉴与政策启示

　　农业是仅次于工业的全球第二大温室气体的来源,[①] 而低碳农业的发展可以将农业温室气体的排放量减少大约 60%,[②] 在温室气体排放加剧,全球气候变暖速度加快,各类资源能源消耗紧张,环境污染日渐加剧的今天,如何走循环经济、低碳经济、节能减排、清洁生产的发展道路是一个国家在快速发展的今天所亟待解决的难题。而在当今,世界各国为了解决此类问题,实现农业又好又快发展,实现农业作为一个国家经济发展的基石,在减少农业碳排放方面也作出了诸多努力,通过这些国际经验的借鉴,对于我国减少农业碳排放,实现节能减排提供了更好的发展选择,也帮助笔者在结合本国国情的条件下少走弯路。

第一节　国外低碳农业发展的经验总结

一、目标规划

　　欧盟提出中长期规划 + 业务计划与模拟（BPS）发展模式,目标

---

　　① IPCC,*Climate Change 2007:Lmpacts, Adaptation and Vulnerability*, New York: Cambridge University Press, 2007.

　　② 梁青青、田敏:《我国低碳农业发展现状研究》,《农业经济》2012 年第 1 期。

是到 2050 年实现低碳经济，其中欧盟的成员在 2050 年必须实现碳排放减少大约 70%，此外，欧盟成员大约 GDP 的 1.6% 要用来投入减少碳排放的项目研究中去。从 1999—2050 年五十多年的时间里，欧盟要实现农业非二氧化碳排放量减少一半的目标。时间紧，任务重，这需要欧盟成员国的共同努力与发展。近些年来发展了 BPS 计划，包含了重视环保的发展理念，凡是申请成功的农民都必须遵守"绿化规则"和"交叉承诺"，否则就会失去相应的补贴金额。

加拿大将开发清洁传统能源与发展新型绿色生态能源技术确立为政府工作的重点。法国曾制定出台了《有机农业发展中期计划》，计划到 2020 年低碳农业的发展占到全部农业发展的 20% 左右。美国曾制定《碳封存计划》，力图减少农业碳排放强度，提高土壤固碳能力。

荷兰提出企业先驱发展模式。最为发达的牛奶制造业发展巨头公司，利用沼气发展农业，计划在 2020 年全面实现利用绿色清洁无污染的能源生产奶制品，并且保证各个分公司以及下属农场的其他工业资源也是利用能源中性的方式进行生产，践行国家低碳农业发展模式，为实现低碳农业发展目标不断作出努力。

近些年来，英国提出清洁＋绿色＋低碳＋繁荣四位一体发展模式。其中对于农业如何减少碳排放，如何实现农业发展更加绿色，也作出了相应的发展规划。英国还制定了为期五年的碳预算机制，从预算上实现节能减排。英国出台《能源白皮书》，提出经济的发展一定要严格限制温室气体的排放，必须要将改变传统的经济发展模式提上日程，力图达到经济发展的碳足迹为 0。

澳大利亚批准了《京都议定书》规划，到 2050 年温室气体排放量要减少大约 50%，这是澳大利亚节能减排政策的开始。日本作为一个农业资源相对匮乏的国家，低碳农业是日本的立国基石。日本提出到 2030 年可再生能源的利用比率要达到 15%，化石燃料的使用要相应减少大约 20%，从而实现 20% 的节能减排的目标，这也是实现绿色 GDP、发展低碳清洁能源的重要举措，低碳农业的发展不容忽视。

比利时、荷兰等国家建立能源多元化发展机制，以能源多渠道为其发展方向。发展风能、水能等能源，并以此投入到农业生产的发展中去。英国等国提出要在近十年建立完善的农业生态生产保护机制，对农业作物养分管理、病虫害管理、种植业管理都进行严格的监控。

意大利提出多色认证制度发展模式。1999 年进行绿色认证，2006 年进行白色认证，意大利政府制订了能源行动计划，针对如何提高能源的使用效率，使能源更加高效，更加绿色而制定发展规划，出台工业法案，减少碳排放。

英国提出要促进传统农业发展模式向更加绿色、更加清洁的新型农业发展模式的转变，2009 年提出《低碳转型发展规划》。英国的农业发展计划是英国农业补贴政策的主要内容之一，目标就是通过对农业生产的监控，控制水和氮肥等的耗费，加强对于分解物的科学处理，尽可能地降低环境成本。美国提出为期六年的碳封存计划，提高碳汇能力。2006 年提出先进能源计划，从事低碳能源的使用和开发。

日本发布了《面向 2050 的日本低碳社会》，为日本人民描绘了一个更加清洁、更加绿色、更加美好的社会景象，并预计到 2050 年全面实现。日本还出台了《构建低碳社会行动计划》，号召全体民众行动起来为创造更加美好的低碳社会出一份力量，从身边小事做起。

俄罗斯政府 2007 年出台了《2008—2012 年农业生产、农产品市场调节、农村发展规划》，提出了可持续性农业、土壤保护、改进农业生产竞争力、保护自然资源的发展目标。韩国于 2008 年提出《国家能源基本规划》，计划到 2030 年全面实现新能源与清洁能源的使用。

英国、德国和日本等发达国家坚持循环农业发展模式与宗旨。在尊重自然规律的基础上，实现农业经济系统与生态经济系统的协调共进，处理好资源、经济与环境之间的关系，起到农业对于减少碳排放的促进作用，为实现可持续发展的生态农业的发展目标而不断努力。

世界各国均强调发展低碳农业的目标是使得各国的农业发展经济模式能够减少温室气体的排放，提高土壤固碳能力，使农业发展适应目前全球气候变暖的环境。因此，低碳农业的发展重点应该集中在资源如何节约、污染物排放如何减少、如何改变农业生产模式、如何实现政策技术的创新等这些问题上来。

二、农地耕作

加拿大以保守农耕、人工造林发展模式为主。以玉米为例，在温室气体排放方面，轮作田区的排放量要比混合作物田区高出许多。在部分地区实行保守耕作制度，充分结合自然，减少化石能源的使用。并在一些地区以林代农，充分发挥森林植物与农业碳排放的相互抵消功能。加拿大通过人工造林以提高碳存，使用生物能源以抵消石化燃烧。通过将主要种植作物与豆科类植物轮年耕作，提取未使用的氮料，增强土壤碳汇能力。

美国以土地休耕轮耕模式为主要发展方向，不连续种植作物，对于连年耕种和土壤破坏强度较大的土地给予土地自我调节，恢复自身营养和净化的空间和能力。在此期间，尽量减少人为性土地干扰，这在一定程度上降低了土地破坏强度，给予了土地自我休整的空间，对于土地中有机营养物质的恢复十分重要，这在一定程度上减少了农药化肥的使用，进而最终减少农业碳排放，实现农业节能减排，提高了土壤存碳能力。2017年美国80%的耕地实施了保护性耕作，涉及玉米、小麦、大豆等常规作物以及棉花、蔬菜、西红柿等经济作物。[①]美国碳储存研究中心的调查结果显示，普通耕作办法农业碳排放大约为35千克每公顷，但是当实行免耕制度以后，每公顷的农业碳排放就降至了6千克，大约减少了6倍。所以，保护性耕作制度已经成为美国农业发展的必然趋势。对于不同的种植作物，进行了不同的生产安排，根据作物的生长环境的要求和环境气候特点，对作物进行区域划分，致力于合理均衡地利用有限的土地资源，开发生态农业的发展价值。

澳大利亚采用改变畜牧饲料的发展方向，提出采用生物饲料发展模式。对于一个土地资源较为丰富并且畜牧业发展较为快速的国家，其温室气体的排放大约16%都来自农业。其中大部分都来源于动物内脏的甲烷排放。为了减少动物体内的甲烷，改善动物的供给饲料，减少内脏排放是关键。澳大利亚通过在饲料中加入油籽，使用浓缩饲料，改变食物配比，以减少动物体内氮素排放。并且对动物排放物进行深加工，力图减少排放量。日本为了解决同类问题，通过建立健康安全检测监控体系，及时分析原因，以减少排放。

澳大利亚推广半干旱土地灌溉技术为新型发展模式，这不仅有利于土壤植被提高固定碳储存的能力，还有利于种植作物的生长发育，

---

① 马守义、谢丽华、朱广石：《黑土地保护性耕作技术的思考》，《玉米科学》2018年第1期。

放弃成本较高的人工林，选择适度休耕技术，提高农业碳功能。法国多使用动物堆肥，配以无机氮肥，增加土地碳存容量。在部分地区以草地代替农地，牧草居多，以此增加碳存。美国、印度等国家建立了绿色能源农场，以秸秆来发电。

有机农业对于日本来说是一个发展低碳农业的主要方向和发展道路。日本对于有机农业的认证程序从申请、调查再到审查认定和发证监管均进行严格的把控。

印度早在20世纪60年代就开始注重低碳农业的发展，开始实行"绿色革命"发展模式，指导农民科学地施用化肥，向农民传授滴灌技术，推广优良高产品种，为促进农村发展提供了有效的支持。

德国采用以地理科学技术发展为主要发展方向。重视应用"3S"技术，即地理信息系统、全球定位系统和遥感技术。在农用机器设备上安装接收信号设备，通过电脑的分析与整合，可以明确播种面积最适作物和施肥用量，还能建立预报模型，明确短期预报。

瑞典的生态农业，处于世界领先地位。其做法是使用天然肥料（牛、羊、猪粪便）、人工除草等，用以改良土壤。为保持土壤肥力、减少病虫害，瑞典还采用了四年轮作的种植方法，即轮种小麦、豆类、牧草、燕麦等。

欧盟实行轮耕＋补贴发展模式，在土地上实行休耕和土地轮耕制度，在休耕的土地上种植可再生原料，欧盟规定凡是种植非食用性作物也同样可以获得农业休耕补贴，这些休耕作物不仅可以提高土壤的肥力，而且还可以生产可降解纤维等，对于减少农业碳排放具有很大的作用。

三、资金支持

日本坚持农户自愿 + 环保补贴 + 技术改进为基本发展模式，于 2005 年出台了关于环境保护的《农业环境规范》，此规范要求农户只要自愿进行环境友好型农业种植，即可获得国家财政税收方面的农业补贴以及相关贷款。通过环境友好型农业种植、友好型农业项目建立、友好型农用机械工具的制造，为促进环境友好给予了很大的资金支持。此后又出台了有关农业环境敏感区域的保护性政策，以植物净化改良土壤。2009 年出台土壤保护补贴政策，在技术改进方面提供资金支持。2010 年出台低碳型创造就业产业补助金政策，金额扩展到了平均每年 1000 亿日元的标准，为促进低碳型节能减排，在源头上减少碳排放、提高农户积极性方面都作出了诸多努力。

日本滋贺县颁布的《滋贺县环境友好农业推进条例》对于种植环境友好型产品的农户进行直接补贴，环境友好型的农业生产模式不仅带来环境效益，也带来了经济效益，促进低碳生态农业的不断发展。

美国以大量资金与技术指导教育为主要发展方向，早在 2011 年的时候曾针对十个清洁生产项目提供了 1200 万美元的资金资助研究。2008 年出台保护管理计划，内容为修筑蓄水池、防护林种植、保护性耕作技术的研发管理，为分解性动物例如蚯蚓提供更好生活环境的做法均给予充足的资金支持和奖励。在具体的实践过程中，美国政府每年与农户签订环境友好合同，下发环境友好型资金支持，引导知识性农户提高保护性技术。

加拿大采用资金投入和农业补贴双管齐下的发展模式，每年在低碳农业方面的投入力度也是非常大的，研究资料显示，每年大约有 4 亿加元被加拿大政府用于农业科学低碳发展，大约占到加拿大本国每年国民生产总值的 3.4%，农业科研费用与农业生产总值的比值均大于 2%，诸多资金支持用来促进低碳环保型农业生产办法的研究，加拿大关于低碳农业的保护支持力度，对于减少环境污染、减少碳排放、增强土壤固碳能力十分重要。此外，加拿大政府和各个省政府建立了一套完善的农业补贴机制，以此来促进环境保护和低碳农业技术的研究，这为加拿大农业、资源、环境的协调共进发展提供了更加广阔的空间。

欧盟采用 CAP 改革的发展模式，很久以前就在《联合国气候变化框架公约》中提出要进行农业环境治理，在《欧盟低碳农业政策》中提出 CAP 改革。欧盟提出要实现农业补贴与农业生产的脱离，对于那些停耕修整土地并且比率达到欧盟国家标准的农户予以高比率补贴。此外，还曾提出建立农业评估与咨询系统，加强农户关于农业环境治理的相关教育，并通过金融信贷支持和优惠贷款制度减轻农户负担，支持农户休耕退耕。欧盟提出通过 CAP 改革实行农业欧盟模式，在农用土地上规定了最大畜牧量、坡地耕种标准等一系列奖惩措施。

欧盟从共同农业基金保障部拨出大量资金来资助各个成员国实行农业环境保护政策，规定凡是对环境友好的任何农业生产方式均可以获得补贴，这从根本上降低了环境的污染，减轻了农业碳排放对于环境的压力。

日本、英国以及德国等国家采用征收环保税的发展模式，建立了相应的税收发展政策，如水污染税、噪音税等。如果企业或者个人使用可再生能源以及环境友好型原料还可以减免税收，购买节能低碳性农用机器设备可以获得国家财政补贴和相应的减税政策。丹麦、荷兰、瑞典等国都实行征收气候变化税，并又将税收以农业补贴形式发放。

在德国，凡是从事低碳农业的土地每公顷每年可以得到 450 马克的农业补助。德国还开发了以区域为总体，将自然条件与各种基础设施结合起来以促进低碳农业的发展的新思路。

各国相应都征收碳排放税，日本征收环境税，德国征收生态税，美国征收能源税，提高人民的生态保护意识，从源头上解决碳排放问题。

四、立法规范

美国高度重视低碳农业发展的立法体系建设与完善，早在 1933 年就出台了第一部农业环境保护法《国家工业复兴法》，提出工业的发展不应以环境的无底线破坏为代价，此时的美国第一次深刻地认识到在发展农业的同时还要保护土地。在 1947 年美国联邦政府通过了《联邦杀虫剂、杀菌剂和杀鼠剂相关法案》，对于农药、化肥的使用作出了比较明确的规定。此后，美国联邦政府还先后出台了《全国环境保护法》《农药法》《低碳经济法案》《有毒物质控制法》《联邦环境杀虫剂控制法》《农业调整法》等诸多法案。经过这么多年的不断发展，人们低碳农业保护意识的不断加强，政府相关法案的不断出台，到现在为止，美国的低碳农业法律体系已经日趋完善，此外农业保护性耕地政策、新能源发展计划、碳交易发展政策等均有了不同程度的发展和完善。这些相关法案的制定均以强制性的规范形式来促进低碳农业的发展，是低碳农业不断向前发展的关键。2007 年美国环保协会制定了全球农业碳排放交易标准，对碳排放交易方式进行实时监控和监督。

美国还出台了《农场法》《食品安全法》以提高农产品品质，出台了《低碳经济法》《美国清洁能源与安全法》和《农业林业低碳经济应用》等相关法案促进低碳农业的发展。

从 20 世纪开始，日本实行以减少碳排放和创新能源相结合的发展模式。1992 年日本政府出台了《新政策》，1999 年出台了《农业基本法》，在环境保护方面、在农业碳排放缩减方面，均通过法律规范的形式予以约束，减少碳排放强度。2013 年日本出台了《农村地区可再生能源法》，将低碳农业建设与社会建设相结合，不遗余力地支持可再生能源的开发与创新性使用。日本在《21 世纪新农政报告》中，提出国家要不断加强有机性生物燃料的生产与开发，农村废弃物不断灵活循环利用。日本试行环保标签制度，要求在商品上增加标签标明二氧化碳的排放量。日本将环境保护纳入农业生产与发展的大方向之中，努力实现环境友好与先进农业相结合，不断提高农业碳存储容量，发展环境友好型新型农业。

欧盟采用以源制碳发展模式，颁布《欧洲氮素令》以减少氮肥的使用。欧盟国家将近 40% 的土地属于硝酸敏感性地区，颁布《硝酸盐法令》用以减少各种化学肥料的使用。欧盟出台的《有机法案》强调农用物资的施用标准和有机物资的使用范围，还出台了《土壤保护战略》对欧盟地区农业用地进行科学健康监测以确保低碳用地。近些年来欧盟不仅提出了节能减排，还提出建立完善的碳交易体系，把低碳农业和减少农业碳排放作为交易体系的关键。目前欧盟国家的农业碳减排方面已经取得了很大的进展，农业碳排放大约下降了 45%，甲烷排放下降了 40% 左右，农户的环保意识也逐渐加强。

德国制定并出台了《联邦污染控制法》《能源法案》《循环经济法》《环境责任法》《可再生能源法》等诸多与环境保护与农业节能减排密切相关的法律法规，对低碳农业的发展模式进行了深入的思考与探究；

2009 年出台了二氧化碳捕捉与封存的法律规范，进一步促进工业作物的开发，明确了低碳农业的发展方向与路径。

英国坚持义务规范人人有责的宗旨，于 1999 年出台了《可再生能源义务令》，将发展新能源的义务规范到个人。2007 年出台了《气候变化法草案》，两次出台了《能源白皮书》，以促进农业碳功能发展。

澳大利亚出台了《减少碳计划白皮书》，为低碳事业的发展、为全球气候变暖的温室效应如何减弱不断努力着。日本于 2008 年开始试行国内排放交易制度，制定碳交易标准。

韩国践行减量化、资源化和再利用的新型农业发展模式，1999 年出台了《亲环境农业培育法》，建立环境友好型农业，2004 年出台了《促进环境友好型农业与农产品安全性对策》，2008 年出台了《气候变化基本对策法》等相关法案，鼓励低碳生活方式。

五、技术开发

美国进行了精准农业技术的发展，在明苏伦达州的农场进行技术开发与相关实验。到目前为止，日本，以及一些欧盟国家都在将精准农业技术纳入低碳农业的发展过程中。澳大利亚等国家利用精确定位技术，对农作物精准定位施肥，减少不必要化肥能源的使用，节省了原料和相关费用，也减少了土壤中化学物质浓度的增加，对低碳农业的发展产生了深远的影响。目前还有一些国家实行了精准播种作物、精准灌溉农田等技术，为实现节能减排、减少碳排放作出很大的贡献。

芝加哥、美国、欧洲等一些国家或地区在技术方面采用规范气候交易发展模式，相应地都成立了气候交易所。这些气候交易所建立在发达的中心城市地区，具有严格的法律规范标准，各个国家的公司自愿加入会员，建立相应的温室气体排放登记、交易平台，对碳排放进行严格的控制。目前芝加哥气候交易所的成员已经超过200多家，通过普遍的碳排放交易项目的完成和运作，平均每年能够减少大约6%的碳排放。并在此基础上积极开展农业碳减排项目研究，提高农业土地的固碳能力，并且还可以将多余的其他碳排放指标出售给别的企业以获取利润。

英国、美国等其他发达国家已经建立起了较为完善的从企业到交易所再到农户的三大主体相互协调相互联系的碳减排交易模式。从技术层面突破瓶颈，研发节能固碳技术。丹麦是世界上第一个使用秸秆发电的国家，目前已经建立了多个秸秆发电厂，以此节能减排，促进农业碳功能。

英国推广"厌氧技术"作为新型发展理念，它可以将生活中多余的废弃物通过厌氧技术处理，转换成可再生的能源，并将甲烷等气体实现循环利用，这在一定程度上减少了垃圾等废弃物的处理费用。

德国目前在推广"工业作物"作为一种新型的发展模式，例如利用农作物来尽可能地替代化石燃料等。此外，德国发展生态农业技术，依据环境来确定作物生产的相关技术，对于肥料施用、病虫害防治、栽培技术都有着严格的标准。

在技术层面上，免耕技术是巴西农业发展所采用的主要发展模式，经过几十年的不断发展与技术革新，巴西的免耕技术已经成为低碳农业不断发展、减少农业碳排放的重要技术。每一年农作物丰收之后，留下来的秸秆以及根部组织就会经过长时间不断发酵腐烂渗透进土壤有机层，到下一年就可以实现自动播种从而免耕。这种技术的发展以及广泛应用，不仅有利于土壤固碳，而且还减少了燃油和水土流失，减少了劳动力的过度浪费。

第二节 国外低碳农业发展对我国的政策启示

一、设立目标规划

国家应制定低碳农业发展规划，设立短期、中长期以及长期发展目标，更好地促进低碳农业的发展。设立低碳经济发展目标，二氧化碳浓度降低发展规划，减缓温室效应。在不同时期不同发展阶段设立不同的财政、环境发展目标和发展计划，一步一步，循序渐进。对碳排放容量根据不同发展阶段，制定阶段性碳排放降低百分比，将减碳工作落到实处，落实到基层工作中去。制定新能源发展规划，对财政支持、人才培养、设备引进、科学研究各个方面予以规划，做好后方储备工作和指导大方向。制定 BPS 和碳封存发展计划，科学节能减排，践行低碳农业发展模式，科学发展绿色能源，推进低碳农业发展。

二、农业科学耕作

国家应加强科学的耕作管理，采用更加优良的作物品种，对于固碳能力较高的作物实行多年轮耕制度、保护性耕作制度等。对于贫瘠的土地可以使用有机氮肥来加强营养。指导农户减少对无机化肥、杀虫剂、农药以及其他投入物的使用，从源头上减少碳排放。实行主要种植农作物和豆科植物轮耕制度，或者在主要种植农作物之间搭建临时植被，提高生物多样性，增强土壤的碳汇能力。对于常年种植同种作物的土地，实行休耕，利用土地的自我调节能力，提高植被复杂度和多样性，提高土壤微生物活性，给予时间补充缺失的养分和无机物质。加强对盐碱土地的管理，改善土壤的物理性质，利用积雪覆盖管理技术发展旱作农业，提高土壤储水能力。

三、加大资金支持

通过农业补贴来引导发展低碳农业是目前世界各国发展的显著性特征，要求领取农业补贴的农户签订"交叉承诺书"。"交叉承诺书"要求农户在农业生产种植过程中不仅要符合环境保护的要求，还要保持部分永久性草地、保护生物的多样性。政府将会根据农户"交叉承诺书"的完成情况来调整农业补贴的发放金额。对于20—50岁的农户适当上调农业补贴额度，从而鼓励更多青年人从事农业，改变农业人口老龄化的现状。实行多元化农业补贴政策，充分利用政策工具，加大投入力度，发挥政府职能，增强社会闲散资本的参与度。在加大补贴力度的同时给予财税优惠，降低农户发展低碳农业的投入成本。对于排污水平下降的企业减免税收，适当降低税收标准，鼓励企业减少污染物的排放。国家也可出台政策加大商业银行优惠政策贷款，对于从事低碳种植的农户，实行优惠贷款利率，激励农户进行低碳化商业种植。

四、完善法律法规

颁布低碳农业基本法，对低碳农业的主体、客体以及内容都作出明确的规定，明确权利和义务，规范农药、化肥的施用，鼓励先进的生产模式，鼓励生产厂家开发创新新产品，对于严重违反国家标准的厂家或企业要加强打击力度，法律法规的实行要因地制宜，考虑不同地区不同地域的生态差异。制定以调整农业农村关系的民事性法规，重视农民的话语权，对于农业投入价格、生产资料价格、农产品市场价格都需要更加完善的法律法规予以规范。通过政策法规的制定，为社会经济发展注入新动力。政府也应出台相关法律规范碳市场交易，规范市场主体的交易行为，维护市场交易秩序，调整不合理交易价格，形成透明度高、秩序良好、交易规范的信息平台。政府应出台相关法律规范，为农业提供更多的财政支持、良好交易秩序、高新的低碳发展技术，以法律形式予以规范，更好地促进低碳农业发展。

五、发展高新技术

发展高产高效农业，加快高效农业发展的规模化和产业化，进一步发展钢架大棚，加强智能日光恒温技术的发展与推广，加大互联网技术在低碳农业方面的推广力度。要发挥沿海地区优势，走海水灌溉、盐土种植的发展新路，积极发展耐盐农业，积极开展低碳农业新领域。发展秸秆发电技术，不仅可以改善秸秆焚烧污染大气环境的状况，而且可以利用生物原料发电，促进新能源的发展。推广施肥新技术，做到测土到田，配方到厂，供肥到点，对农户进行技术教育，改变农户大面积盲目施肥的习惯，重视有机肥，减少施用化肥。国家要学习先进国家的发展经验，引进高新技术专业人才和先进设备，培育优良品种，提高土壤利用率，降低环境损害。不仅要加快土地流转的速度，还要对农户进行专业技术培训，加快农业机械化进程。

第九章　加快推进我国低碳农业发展的对策建议

在"低碳农业"和"绿色农业"口号下的农业生产时代，我国的农业不仅要实现低碳和绿色两大目标，实现种植农业带来的作物收入的增长，而且需要进一步建立"碳汇农业"的发展模式，充分挖掘农业的经济价值，鼓励农业碳汇参与到碳汇交易的市场中，通过转变农业的生产经营模式，保持农业的可持续发展。而"碳汇农业"的发展与技术、金融、人才、政策等方面息息相关，本书将从这四个方面，为发展"碳汇农业"，促进农业参与到碳汇交易市场进行分析。

第一节　技　术

虽然农业在生产过程中释放出大量的二氧化碳，但它的碳汇功能也不容小觑。因此，要发展"碳汇农业"，促进农业参与到碳汇交易市场中，就要聚焦于"碳汇"二字，可以通过降低碳排放间接增加碳汇量，也可以通过直接增加碳汇量。农业的生产过程可以粗略地分为产前、产中、产后三个阶段，每个阶段的生产过程都存在对农业碳排放和碳汇量的影响。因此，要实现减排增汇的效果，需在三个阶段均作出努力。

一、农业生产产前减排增汇技术创新

在农业生产的产前阶段，并未开始真实的农业生产，因此没有发挥其碳汇功能，但碳排放的功能已发挥作用，这一阶段的碳排放主要来源于施用的农药、化肥以及农膜等生产资料的生产环节中。因此，在此阶段可以通过对农业生产资料的生产技术进行创新，降低其生产过程中的碳排放量，从而在农业生产的产前阶段达到增加碳汇的效果。

同时，还可以在产前阶段对种植品种、区域等进行划分，发展循环产业，提高水资源、土地资源等生产资料利用率，还能发展成为具有景观用途的空间。

二、农业生产产中减排增汇技术创新

在农业生产的产中阶段，农业种植除了因施用化肥、农药和使用农膜所产生的碳排放外，还有作物生长过程中产生的碳汇。因此，可以通过农业有机废弃物发酵的微生物化肥、无土栽培、低虫害、氮肥深施等种植技术的改进，还可以培育和推广固碳能力强、产量高的新品种，从而达到减排增汇的目标。

三、农业生产产后减排增汇技术创新

这一阶段主要是种植农作物收获后，对土地、废弃物的处理技术的创新。在种植作物的过程中所施用的化肥，极容易造成土地硬化，为了避免形成"施肥—增产—土地硬化—增量施肥—增产"的恶性循环，对施用过化肥的土地必须进行修复，因此应该加强对土地修复技术的创新和改进。对于农业生产产后产生的废弃物，例如秸秆等，通过生物技术进行发酵形成生物化肥、农膜等，也可以通过先进的降解技术减少其对环境和土地的污染。

第二节　金融

一、开发农业碳汇相关金融衍生品

充分利用金融衍生品的优点，降低投资者对风险的预期，为投资者提供了资本增益的可能，能够加快农业碳汇交易市场的买卖交易速度及频率，从而吸引大量的社会资本进入农业碳汇交易市场中，推动低碳农业和农业碳汇项目的发展，形成"投资—技术创新—减排增汇"的良性循环，改善我国经济增长的方式。同时，碳交易市场的扩大，有助于稳定我国在国际碳交易市场的地位，让我国在国际上有更多的话语权和自主权。

二、设立农业碳基金

虽然我国已经设立了相应的碳基金，但大多针对工业领域。鉴于我国各地区的发展程度、产业结构等不同，不同地区发展农业碳汇经济的能力也有所差异，各区域根据实际情况，基于自身的减排增汇情况，以农业碳排放权资产管理为形式建立碳基金，定向募集，以削弱风险对农业碳交易市场的冲击。

三、促进金融市场的和谐发展

碳汇交易的现货市场、碳基金以及金融衍生品市场三个方面形成了三足鼎立的局面，碳基金在自身保障风险管理的情况下，能够在现

货市场和金融衍生品市场中获得增益，从而增加资本的流动，促进碳
交易市场的发展；同时，金融衍生品市场的参与能真实地反映碳汇的
真实价值，降低其价格大幅度波动的可能性。因此只有三者的有效结
合才能加快农业碳汇交易市场的发展。

第三节　人才

农业碳汇具有较强的专业性，为了使农业能够参与到碳汇交易的
市场中，人才是必不可少的，不仅农业生产需要专业型的人才，碳汇
交易市场也需要。因此，人才的培养包括农业生产过程以及农业碳汇
交易两个部分。

一、加强相关知识的推广，培育农业技术人才

要让农业生产者对"农业碳汇"有准确、全面认识，就需要对低
碳农业、农业碳汇等相关知识进行推广。可以利用网络、电视以及合
作社等平台，构建低碳农业知识的"宣传网络"，向农户进行低碳农
业相关知识的宣传，提高农民的生态环保意识；同时对农民进行新型
减排生产技术的培训，让农户至少掌握基础的农业种植技术，从而在
农业生产的过程中熟练运用这些技术，实现减排增汇的效果。

二、注重培养农业碳汇交易人才

农业的碳汇交易具有特殊性，其项目需要专业型的人才进行全程
监督和管理，例如经营管理以及农业碳汇的计量等。首先，农业碳汇
的监测将会成为农业碳汇交易核心的部分，也是对交易结果影响最大

的环节，其重要性可想而知，因此需要专业的技术人才对农业碳汇进行评测和监督，以确保净碳汇量的准确性；其次，农业碳汇在交易市场中的价格对农业参与到碳汇交易市场有极大影响，因此需要专业的价格管理人员；最后，在这个信息化时代，信息对交易市场是必不可少的，而信息收集的错误以及信息处理的差错，对交易市场乃至交易本身都有着决定性影响，因此需要有专业的数据分析人才对数据进行收集、整理和分析，以确保市场参与者的信息对称，避免损失。

第四节 农业碳汇市场

一、制定相关的农业碳汇监测标准、建立监督体系

通过利用遥感信息、样地清查以及模型等多种方式，对区域、种植类型等进行实地考察和研究，形成相关的农业碳汇监测系统和有事实依据的衡量标准，并对其实行完善的监督体系，最终实现全面覆盖的农业碳汇监测和监督体系，使农业碳汇的测量标准化。

二、建立农业碳汇交易试点市场

结合国内外和林业碳汇市场的经验，根据农业碳汇的实际情况，选择合适的地区进行农业碳汇市场的开发，并对农业碳汇项目进行研究，同时出台农业碳汇市场的试行管理条例，成立碳汇的监督管理机构，以及制定农业碳汇交易的规则和政策。

三、制定农业碳汇交易的法律法规

农业碳汇市场作为继林业碳汇后的又一碳汇交易市场，潜力巨

大。碳汇市场交易的是碳汇权，农业碳汇产权的归属问题与其交易的关系不容小觑，但目前还缺乏国家对农业碳汇产权方面的法律法规，而且在实际的碳汇交易中，并没有实质性交易物品，碳汇量只是一种虚拟商品，缺乏实物性，买卖双方均以信用进行担保，因此为了保障农业碳汇市场参与者的切身利益，不仅针对碳汇的交易市场制定相关的法律法规，同时也应该对农业碳汇的产权进行法律约束，以保护交易双方的利益。

四、完善农业碳汇交易价格机制

影响农业碳汇量的因素有很多，例如种植方式、生产地区、作物品种以及计量、监测、管理等因素，碳汇量供给的变化对其价格存在有一定的影响，因此农业碳汇的交易价格具有复杂性和特殊性。虽然碳汇交易市场尚处于一个未被全面认知的状态，从而导致其需求量较低，但仍然要保障农业碳汇交易价格的合理性和稳定性，避免投机者的恶意炒作行为，造成市场的混乱，而且合理稳定的价格更加吸引投资者的投资。因此，农业碳汇的交易价格必须在政府制定的价格机制的监督下，由市场的供求情况来决定价格波动的合理范围内波动。

第五节　政策与制度

要推动低碳农业和农业碳汇交易市场的发展，需要市场和政府合力推动。政府应该充分考量低碳经济和碳基金结合的有效性，两者的政策制定应该得以有效考量，给予碳基金充分发挥作用的环境，例如财政、税法等方面，应减少其发展上的政策性阻碍。

一、设立低碳农业发展基金

虽然我国已经成立了碳基金，但主要用于工业方面减排。因此，应由国家财政专项设立农业碳基金。以政府投入为主导，整合相关的环保基金，为激励低碳农业减排和低碳农业技术应用提供坚实的保障。

二、建立农业碳补偿制度

除了"农业碳基金"方面的政策考量，在农业生态补偿方面也应加强，虽然难以对农业生产的生态效率进行完整、全面有效评估，但其巨大的固碳效率却不容小觑，可以通过"碳补偿"的方式。因此，应该制定规范的碳补偿标准和规则，为农业碳汇进入碳交易市场打下基础。

所谓的"碳补偿"机制，实际上就是生态服务付费机制，是指受益于生态服务功能者为弥补因使用该功能的成本或使该功能价值化，而向生态服务功能的提供者支付一定的费用，这也是生态补偿的基础和依据。核算农业的碳排放以及碳汇量发现，农业具有巨大的净碳汇空间，但碳汇作为同时具备外部性和公共性的特殊的抽象化物品，其进入碳交易市场难度大大增加，因此，应该对其进行有效生态补偿。通过法律等有效途径，对农业生产中提供碳汇的生产主体进行必要的补偿，不仅体现了社会的公平性，同时通过对碳汇提供者的补偿，刺激提供者为维持碳汇量的增长，能够降低在生产过程中的碳排放量，从而促进经济的可持续发展。

农业碳补偿的机理如图 9-1 所示。

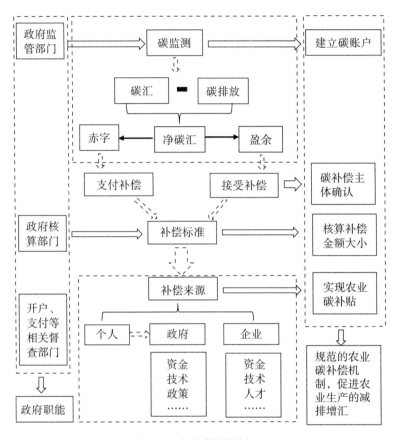

图 9-1 农业碳补偿的机理

（一）农业碳补偿的运行环境存在很多不足

1. 主体的划分不明确

由生态补偿的概念不难发现，实际上是由一方向另一方进行支付，那么由谁来支付补偿费用，以及是谁接受补偿的费用？法律层面对参与生态补偿的两大主体的界定并不明确，且长久以来，国家以公共主体的身份进行补偿，但农业生态功能的受益者除了国家，还有企业和个人，但由于法律界定的不明确，后两者被长期忽略。因此，造成了补偿资金的不足以及相关部门对于发放补偿资金的推托，导致农业生态价值功能的提供者不能如期收到碳补偿的费用，打击了其减排增汇的积极性。

2. 补偿方式较为单一

我国现行的生态补偿方式以资金补偿为主，此方式对农业生态功能的提供者而言是一种缺乏营养的"快餐式"补偿方式，一次性资金补偿虽然能够在经济方面对整体有所补偿，但忽略了农业通过净碳汇提供生态功能价值的过程，没有针对性地补偿对促进可持续发展的作用大大缩小。

3. 补偿标准不统一

目前对碳补偿的核算方法有碳足迹、碳汇等多种方法，但具体的补偿标准如何？生态功能的受益者应该向提供者支付的费用是多少？在相关的法律和文件中，缺乏补偿标准的统一性，受益主体即使在受益的过程中愿意支付费用用以对提供者进行补偿，但由于缺乏统一科学的标准，极有可能为了最大化自身利益，从而减少支付的费用，损害农业生态功能提供者的利益。

4. 缺乏法制性

在生态补偿的相关法律法规中，与农业生态补偿有关的条款，绝大多数仅作为林业生态补偿的"补充"，缺乏较为完整且系统的农业生态补偿的相关法律法规。同时，随着绿色农业、低碳农业等相关政策的实施和相关减排增汇技术的进步，农户的农业生产方式已经发生改变，相关的法律法规也应与时俱进，例如目前国家政策相关规定仅对农业生产过程中农业废弃物的利用和回收进行生态补偿，已落后于现代化的农业生产方式。

（二）推进农业"碳补偿"，为农业"碳补偿"建立良好的政策环境

1. 明确补偿主体

主体作为农业生态功能补偿机制的基础，是与农业生产过程直接相关的群体，包括权利与义务双方主体，即农业生态功能的提供者和受益者。首先，农业的生态功能主要来源于农业生产种植的过程中碳汇与碳排放之差的盈余，而农业种植者作为直接参与农业生产的主体，其应当作为农业生态功能的提供者，即权利主体；其次，个人在社会生活的过程中也在一定程度上受益于农业的生态功能，但由于个人支付费用进行补偿的难度较大，可以国家代表社会个人向农业生态功能的提供者进行补偿；最后，企业在生产的过程中，绝大部分是以碳排放为主，因此也是农业生态功能的使用者和受益者，对农业生态功能的提供者的补偿应由企业自己负责。对主体明确划分了各方的权利和义务，同时也对补偿资金的来源进行了说明，保护了农业生态功能的提供者的利益。

2. 政府补偿与市场补偿相结合

除了为农业生态功能的提供者进行"快餐式"资金的补偿，也要注意"营养搭配"。政府补偿的方式具有强制性、命令性和无偿性，除了代表广大人民群众向农业生态功能的提供者支付费用进行补偿外，还应进行政策补偿，给予农业生产者一些优惠待遇，同时还要进行技术补贴，提高农业生产的生产效率，从根本上激励农业生产者减排增汇的积极性，达到农业生产的可持续发展。

3. 实现补偿标准的统一化

根据补贴的农业生态补偿标准进行的补偿有很大的差别，较为合

理的方式是将碳足迹与碳固定两种标准相结合，建立碳账户将补偿核算标准化。

4.农业碳补贴法制化

应该建立完善的、有针对性的农业碳补偿相关法律法规，使得农业碳补偿的实施有法可依，保障生态功能的提供和使用的公平性，维护农业种植者利益。

5.补偿形式多元化

（1）资金补偿。对碳汇生产的方式进行补贴。对使用环保生产方式的农业家庭进行补贴，在具体数量上参考碳交易市场价格，正常情况下，高于碳交易市场价格。（2）物质补偿。通过碳汇物资供给进行补贴。在适合地区推行碳汇种植，对高耗能、高排放物资尽量规避，增多碳汇生产物资供给。（3）技术补偿。在对种植技术进行更新升级后向农户进行推广，从而达到补贴目的。通过这种方式，既达到了对影响市场均衡风险的规避，又达到了补贴的正面效果。

因此，只有各方面进行合理、科学、规范的定量，才能够真正实现农业碳补偿，才能够维护社会的公平公正，保护农业生产者基本利益，从而促进低碳可持续的农业生产，为农业碳汇进入碳交易市场打下良好基础。

参考文献

[1]白朴、金瑜雪、应苗苗等:《低碳农业发展对策探索与研究》,中国农业科学技术出版社 2016 年版。

[2]曾大林、纪凡荣、李山峰:《中国省际低碳农业发展的实证分析》,《中国人口·资源与环境》2013 年第 11 期。

[3]陈昌洪:《农户选择低碳标准化的意愿及影响因素分析——基于四川省农户调查》,《北京理工大学学报(社会科学版)》2013 年第 3 期。

[4]陈东海:《国内外农业生态补偿的实践》,《河南农业》2016 年第 10 期。

[5]陈儒、姜志德、姚顺波:《低碳农业联合生产的绩效评估及其影响因素分析》,《华中农业大学学报(社会科学版)》2018 年第 3 期。

[6]陈儒、姜志德:《农户低碳农业生产生态补偿标准研究》,《干旱区资源与环境》2018 年第 9 期。

[7]陈儒、姜志德:《中国省域低碳农业横向空间生态补偿研究》,《中国人口·资源与环境》2018 年第 4 期。

[8]陈姗姗、陈海、梁小英等:《农户有限理性土地利用行为决策影响因素——以陕西省米脂县高西沟村为例》,《自然资源学报》

2012 年第 8 期。

　　[9] 陈诗一：《工业二氧化碳的影子价格：参数化和非参数化方法》,《世界经济》2010 年第 8 期。

　　[10] 程叶青、王哲野、张守志等：《中国能源消费碳排放强度及其影响因素的空间计量》,《地理学报》2013 年第 10 期。

　　[11] 池振合、杨宜勇：《贫困线研究综述》,《经济理论与经济管理》2012 年第 7 期。

　　[12] 迟景译、贺立松：《青岛市农业碳排放制约因素及对策研究》,《农村经济与科技》2017 年第 17 期。

　　[13] 邓吉祥、刘晓、王铮：《中国碳排放的区域差异及演变特征分析及因素分解》,《自然资源学报》2014 年第 2 期。

　　[14] 董锋、杨庆亮、龙如银等：《中国碳排放分解与动态模拟》,《中国人口·资源与环境》2015 年第 4 期。

　　[15] 董明涛：《我国农业碳排放与产业结构的关联研究》,《干旱区资源与环境》2016 年第 10 期。

　　[16] 杜官印：《建设用地对碳排放的影响关系研究》,《中国土地科学》2010 年第 5 期。

　　[17] 樊翔、张军、王红、刘梅：《农户禀赋对农户低碳生产行为的影响——基于山东省大盛镇农户调查》,《水土保护研究》2017 年第 1 期。

　　[18] 方精云、郭兆迪、朴世龙等：《1981—2000 年中国陆地植被碳汇的估算》,《中国科学》2007 年第 6 期。

　　[19] 方秋爽、沈月琴、张晓敏等：《国内外农业补贴政策研究》,《世界农业》2017 年第 1 期。

［20］冯俊、王爱民、张义珍：《农户低碳化种植决策行为研究——基于河北省的调查数据》，《中国农业资源与区划》2015 年第 1 期。

［21］谷家川、查良松：《皖江城市带农田生态系统碳排放动态研究》，《长江流域资源与环境》2013 年第 1 期。

［22］郭鸿鹏、马成林、杨印生：《美国低碳农业实践之借鉴》，《环境保护》2011 年第 21 期。

［23］何可、张俊飙、田云：《农业废弃物资源化生态补偿支付意愿的影响因素及其差异性分析——基于湖北省农户调查的实证研究》，《资源科学》2013 年第 3 期。

［24］何小洲、汤婉、彭勇：《低碳农业推广过程中相关利益主体的演化博弈分析》，《西北农林科技大学学报》2016 年第 1 期。

［25］何炫蕾、陈兴鹏、庞家幸：《基于 LMDI 的兰州市农业碳排放现状及影响因素分析》，《中国农业大学学报》2018 年第 7 期。

［26］何艳秋、戴小文：《中国农业碳排放驱动因素的时空特征研究》，《资源科学》2016 年第 9 期。

［27］贺亚亚、田云、张俊飚：《湖北省农业碳排放时空比较及驱动因素分析》，《华中农业大学学报（社会科学版）》2013 年第 5 期。

［28］洪凯、朱子玉：《珠三角农地利用中的碳排放时空特征及影响因素——基于 1996—2014 年数据》，《湖南农业大学学报（社会科学版）》2017 年第 1 期。

［29］侯博、应瑞瑶：《分散农户低碳生产行为决策研究》，《农业技术经济》2015 年第 2 期。

［30］胡鞍钢、周绍杰：《绿色发展：功能界定、机制分析与发展战略》，《中国人口·资源与环境》2014 年第 1 期。

［31］胡中应、胡浩：《低碳农业：符合农业发展规律的必然选择》,《经济问题探索》2015 年第 9 期。

［32］黄华、倪鹏、葛中全：《四川省农业生态系统碳排放测算及影响因素分析》,《东山师范学院学报》2012 年第 5 期。

［33］黄敏、朱臻：《欧盟低碳农业实践探讨——以良好农业规范（GAP）为例》,《世界农业》2010 年第 4 期。

［34］黄贤金、郭兆迪、朴世龙等：《低碳排放：土地利用调控新课题》, 2009 年 12 月 25 日, 见 http://www.mlr.gov.cn/xwdt/jrxw/200912/t20091225_130977.html。

［35］金京淑：《日本推行农业环境政策的措施及启示》,《现代日本经济》2010 年第 5 期。

［36］李波、张俊飚、李海鹏：《中国农业碳排放时空特征及影响因素分解》,《中国人口·资源与环境》2011 年第 8 期。

［37］李波、梅倩：《农业生产碳行为方式及影响因素研究——基于湖北省典型农村的农户调查》,《华中农业大学学报（社会科学版）》2017 年第 10 期。

［38］李波、张俊飚：《基于我国农地利用方式变化的碳效应特征与空间差异研究》,《经济地理》2012 年第 7 期。

［39］李波：《我国农地资源利用的碳排放及减排政策研究》, 博士学位论文, 华中农业大学农业经济管理系, 2011 年。

［40］李冬：《制约我国社会资本参与碳基金的因素及对策分析》,《信阳师范学院学报（哲学社会科学版）》2016 年第 5 期。

［41］李冬梅、刘智、唐殊等：《农户选择水稻新品种的意愿及影响因素分析——基于四川省水稻主产区 402 户农户的调查》,《农业经

济问题》2009 年第 11 期。

［42］李国志、李宗植:《中国农业能源消费碳排放变化的因素分解及实证分析——基于 LMDI 模型》,《农业技术经济》2010 年第 10 期。

［43］李海鹏:《中国农业面源污染的经济分析与政策研究》,博士学位论文,华中农业大学农业经济管理系,2007 年。

［44］李红梅、傅新红、吴秀敏:《农户安全施用农药的意愿及其影响因素研究》,《农业技术经济》2007 年第 5 期。

［45］李颖、葛颜祥、刘爱华等:《基于粮食作物碳汇功能的农业生态补偿机制研究》,《农业经济问题》2014 年第 10 期。

［46］梁丹、金舒秦:《农业生态补偿:理论、国际经验与中国实践》,《南京工业大学学报(社会科学版)》2015 年第 3 期。

［47］刘春腊、刘卫东、陆大道:《生态补偿的地理学特征及内涵研究》,《地理研究》2014 年第 5 期。

［48］刘星辰、杨振山:《从传统农业到低碳农业——国外相关政策分析及启示》,《中国生态农业学报》2012 年第 6 期。

［49］陆汝成、黄贤金:《中国省域建设占用耕地时空特征及空间弹性分析》,《资源与产业》2011 年第 6 期。

［50］罗吉文:《低碳农业经济效益的测评与实证》,《统计与决策》2010 年第 24 期。

［51］骆旭添:《低碳农业发展理论与模式研究——以福建省为例》,博士学位论文,福建农林大学农业经济管理系,2011 年。

［52］毛飞、孔祥智:《农户安全农药配选行为影响因素分析——基于山西 5 个苹果生产县的调查》,《农业技术经济》2011 年第 5 期。

［53］门惠芹、MenHuiqin:《借鉴国外经验助推宁夏沿黄经济区

低碳农业发展》,《农业科技管理》2014 年第 2 期。

　　[54] 聂英:《中国粮食安全的耕地贡献分析》,《经济学家》2015 年第 1 期。

　　[55] 任静、余劲:《退耕还林工程碳汇生态效益补偿研究》,《湖北农业科学》2013 年第 8 期。

　　[56] 舒畅、乔娟:《欧美低碳农业政策体系的发展以及对中国的启示》,《农村经济》2014 年第 3 期。

　　[57] 宋杰鲲、曹子建、张凯新:《我国省域二氧化碳影子价格研究》,《价格理论与实践》2016 年第 6 期。

　　[58] 苏向辉、孙挺、王保力、马瑛:《新疆棉农低碳生产行为及其影响因素分析——以化肥施用为例》,《中国农业资源与区划》2017 年第 9 期。

　　[59] 苏洋、马惠兰、颜璐:《新疆农地利用碳排放时空差异及驱动机理研究》,《干旱区地理》2013 年第 6 期。

　　[60] 孙艳芝、沈镭、钟帅等:《中国碳排放变化的驱动力效应分析》,《资源科学》2017 年第 12 期。

　　[61] 田云、李波、张俊飙:《我国农地利用碳排放的阶段特征及因素分解研究》,《中国地质大学学报(社会科学版)》2011 年第 11 期。

　　[62] 田云、张俊飙、何可、丰军辉:《农户农业低碳生产行为及其影响因素分析——以化肥施用和农药使用为例》,《中国农村观察》2005 年第 4 期。

　　[63] 田云、张俊飙、李波:《湖北农地利用碳排放时空特征与脱钩弹性研究》,《长江流域资源与环境》2012 年第 12 期。

　　[64] 田云、张俊飙、尹朝静等:《中国农业碳排放分布动态与趋

势演进——基于 31 个省（市、区）2002—2011 年面板数据分析》,《中国人口·资源与环境》2014 年第 7 期。

［65］田云、张俊飚:《中国农业碳排放、低碳农业生产率及其协调性研究》,《中国农业大学学报》2017 年第 5 期。

［66］王宝义:《中国农业碳排放的结构特征及时空差异研究》,《调研世界》2016 年第 9 期。

［67］王常伟、顾海英:《农户环境认知、行为决策及其一致性检验——基于江苏农户调查的实证分析》,《长江流域资源与环境》2012 年第 10 期。

［68］王宏:《美国低碳农业法律制度对中国的启示》,《世界农业》2018 年第 2 期。

［69］王惠、卞艺杰:《农业生产效率、农业碳排放的动态演进与门槛特征》,《农业技术经济》2015 年第 6 期。

［70］王济川、郭志刚:《Logistic 回归模型:方法与应用》,高等教育出版社 2001 年版。

［71］王娜:《河南省低碳农业发展水平及其评价》,《中国农业资源与区划》2018 年第 2 期。

［72］王琦、黎孔清、朱利群:《南京都市农业农地利用碳排放测算及趋势预测》,《水土保持通报》2017 年第 4 期。

［73］王太祥、王腾、吴林海:《西北干旱区农地利用碳排放与农业经济增长的响应关系》,《中国农业资源与区划》2017 年第 4 期。

［74］王天穷、严晗、顾海英:《政府主导型低碳农业发展项目补偿标准探索研究》,《财经研究》2018 年第 8 期。

［75］王艳平:《美国现代农业发展经验对我国农业供给侧改革的

启示》,《生产力研究》2017 年第 8 期。

［76］韦沁、曲建升、白静等:《我国农业碳排放的影响因素和南北区域差异分析》,《生态与农村环境学报》2018 年第 4 期。

［77］吴金凤、王秀红:《不同农业经济发展水平下的碳排放对比分析——以盐池县和平度市为例》,《资源科学》2017 年第 10 期。

［78］吴贤荣、张俊飚、程琳琳、田云:《中国省域农业碳减排潜力及其空间关联特征——基于空间权重矩阵的空间 Durbin 模型》,《中国人口·资源与环境》2015 年第 6 期。

［79］吴贤荣、张俊飚、田云、薛龙飞:《基于公平与效率双重视角的中国农业碳减排潜力分析》,《自然资源学报》2015 年第 7 期。

［80］吴贤荣、张俊飚、田云等:《中国省域农业碳排放:测算、效率变动及影响因素研究——基于 DEA—Malmquist 指数分解方法与 Tobit 模型运用》,《资源科学》2014 年第 1 期。

［81］熊冬洋:《促进我国低碳农业发展的财政政策措施》,《经济研究参考》2017 年第 36 期。

［82］许广月:《中国低碳农业发展研究》,《经济学家》2010 年第 10 期。

［83］颜璐:《农户施肥行为及影响因素的理论分析与实证研究》,博士学位论文,新疆农业大学农业经济管理系,2013 年。

［84］杨筠桦:《欧洲低碳农业发展政策的实践经验及对中国的启示》,《世界农业》2018 年第 2 期。

［85］应瑞瑶、朱勇:《农业技术培训方式对农户农业化学投入品使用行为的影响——源自实验经济学的证据》,《中国农村观察》2015 年第 1 期。

［86］余雪振、梅昀：《武汉市不同土地利用结构碳排放效应》，《湖北农业科学》2013 年第 12 期。

［87］袁伟彦、周小柯：《生态补偿问题国外研究进展综述》，《中国人口·资源与环境》2014 年第 11 期。

［88］张玓、林珊、赵颖婕：《我国低碳经济发展模式研究——基于碳基金视角》，《经济问题》2011 年第 5 期。

［89］张雳：《我国碳金融体系存在的问题及政策建议》，《产业与科技论坛》2013 年第 12 期。

［90］张菱珊、陈璟、蔡昭敏：《性别角色类型对个体风险决策的影响》，《心理学与创新能力提升——第十六届全国心理学学术会议论文集》2013 年。

［91］张婷、张学玲、蔡海生：《江西省农地利用碳排放时空特征与脱钩研究》，《广东农业科学》2014 年第 5 期。

［92］张新民：《农业碳减排的生态补偿机制》，《生态经济》2013 年第 10 期。

［93］赵海霞、徐颂军：《基于污染足迹的区域内生态补偿机制标准研究——以广州市为例》，《华南师范大学学报（自然科学版）》2015 年第 4 期。

［94］赵凯、孙嘉宣：《农业源污染治理财政政策的欧洲模式及其借鉴》，《经济研究导刊》2010 年第 25 期。

［95］赵荣钦、刘英、李宇翔等：《区域碳补偿研究综述：机制、模式及政策建议》，《地域研究与开发》2015 年第 5 期。

［96］赵子健、李广瑜、顾海英：《低碳农业发展的途径、潜力和间接减排效应》，《上海交通大学学报》2018 年第 1 期。

［97］郑远红：《国外低碳农业财税政策实践研究》，《世界农业》2014 年第 6 期。

［98］周锦、孙杭生：《江苏省农民的环境意识调查与分析》，《中国农村观察》2009 年第 3 期。

［99］朱道林、林瑞瑞：《论低碳经济与转变土地利用方式》，《中国土地科学》2010 年第 10 期。

［100］朱玲、周科：《低碳农业经济指标体系构建及对江苏省的评价》，《中国农业资源与区划》2017 年第 5 期。

［101］Ana Nadal, Pere Llorach−Massana, Eva Cuerva, Elisa López−Capel, Juan Ignacio Montero, Alejandro Josa, Joan Rieradevall, Mohammad Royapoor, "Building−integrated Rooftop Greenhouses: An Energy and Environmental Assessment in the Mediterranean Context", *Applied Energy*, No.11, 2017.

［102］David A.T., Dean N., "Reducing GHG Emissions in the United States' Transportation Sector", *Energy for Sustainable Development*, No.15, 2011.

［103］Dubey A., Lal R., "Carbon Footprint and Sustainability of Agricultural Production Systems in Punjab, India and Ohio, USA", *Crop Improvement*, No.23, 2009.

［104］Fare R., Grosskopf S., Weber W.L., "Shadow Prices and Pollution Costs in US Agriculture", *Ecol Econ*, Vol.56, No.1, 2006.

［105］Frank W. Geels, "Low−carbon Transition Via System Reconfiguration? A Socio−technical Whole System Analysis of Passenger Mobility in Great Britain（1990－2016）", *Energy Research & amp; Social Science*, No.46, 2018.

［106］Gomiero T., Paoletti M.G., Pimentel D., "Energy and Environment Issues in Organic and Conventional Agriculture", *Critical Reviews in Plant Sciences*, No.27, 2008.

［107］Jane M.F., Johnson, "Agricultural Opportunities to Mitigate Greenhouse Gas Emissions", *Environmental Pollution*, No.150, 2007.

［108］João Carlos de Moraes S á , Rattan Lal, Carlos Clemente Cerri, Klaus Lorenz, Mariangela Hungria, Paulo Cesar de Faccio Carvalho, "Low-carbon Agriculture in South America to Mitigate Global Climate Change and advance Food Security", *Environment International*, No.98, 2017.

［109］Pacala S.W., Hurtt G.C., Baker D., et al., "Consistent Land-and Atmosphere-based US Carbon Sink Estimates", *Science*, No.292, 2001.

［110］Pittman R.W., "Issue in Pollution Control: Interplant Cost Differences and Economies of Scale", *Land Economics*, No.57, 1981.

［111］Rozenberg J., Hallegatte S., *The Impacts of Climate Change on Poverty in 2030 and the Potential from Rapid, Inclusive, and Climate Informed Development*, New York: Social Science Electronic Publishing, No.4, 2015.

［112］Ryan B., Tiffany D.G., *Minnesota Agricultural Energy Use and the Incidence of a Carbon Tax*, Minnesota: Institute for Local Self Reliance, No.1, 1998.

［113］Schlesinger William H., "Carbon Sequestration in Soils: Some Cautions Amidst Optimism", *Agriculture, Ecosystems and Environment*, No.82, 2000.

［114］Shephard R.W., *Theory of Cost and Production Functions*, Princeton: Princeton University Press, Vol.1, 1970.

［115］Shephard R.W., *Theory of Cost and Production Functions*, Princeton: Princeton University Press, No.20, 1970.

［116］Stern D.I., Jotzo F., "How Ambitious are China and India's Emissions Intensity Targets", *Energy Policy*, No.38, 2010.

［117］Tek Narayan Maraseni, Jiansheng Qu, "An International Comparison of Agricultural Nitrous Oxide Emissions", *Journal of Cleaner Production*, No.135, 2016.

［118］Tone K., " A Slacks-based Measure of Super- efficiency in Data Envelopment Analysis", *European Journal of Operational Research*, Vol.143, No.1, 2002.

［119］Tone K., "Dealing with Undesirable Outputs in DEA: A Slacks Based Measure（SBM）Approach", *GRIPS Research Report Seires*, No.12, 2003.

［120］Wang S.J., Fang C.L., Guan X.L., et al., "Urbanisation, Energy Consumption, and Carbon Dioxide Emissions in China: A Panel Data Analysis of China's Provinces", *Applied Energy*, No.136, 2014.

［121］West T.O., Marland G., " A Synthesis of Carbon Sequestration, Carbon Missions, and Net Carbon Flux in Agriculture: Comparing Tillage Practices in the United States", *Agriculture Ecosystems and Environment*, No.91, 2002.

［122］Wettestad J., "Interaction between EU Carbon Trading and the International Climate Regime: Synergies and Learning", *International*

Environmental Agreements, No.9, 2009.

[123] Willian N., "Optimal Greenhouse-gas Reductions and Tax Policy in the 'DICE' Model", *The American Economic Review*, No.83, 1993.

附录：农户低碳农业生产行为调查问卷

被访问者所在区域：＿＿省＿＿市＿＿县（市区）＿＿（乡镇）＿＿村

问卷编号：＿＿＿＿调查时间：＿＿＿＿＿＿户主姓名＿＿＿＿

联系电话＿＿＿＿

农户低碳农业生产行为调查问卷

为了了解我国农户低碳农业生产行为现状，掌握低碳农业发展的微观机理，进而有针对性地提出推进低碳农业发展的对策建议，请您协助填写以下调查问卷。此调查结果仅用于统计分析，请您客观填写，谢谢！

填写说明：

1.请在您选择答案前的标号上画"√"，或者在"＿＿＿＿"处填写适当内容。

2.所有题目若无特殊说明，一律为单项选择。

一、基本信息表

农户属性：□相对富裕 □一般农户 □扶贫户 □低保户 □扶贫低保户 □五保户　　　当地地形：□山区 □丘陵 □平原

家庭成员编号	与户主关系	年龄	性别 1=男；0=女	民族	职业类型 1=务农；2=乡镇企事业单位；3=政府机关；4=个体；5=外出务工；6=学生；7=其他	务农年限	文化程度 1=小学及以下；2=初中；3=高中或中专；4=大专；5=大学本科及以上	是否在本村或村级以上政府部门任干部 1=是；0=否	是否具备某项专业技能 1=是；0=否	身体健康状况 1健康；2体弱多病；3长期慢性病；4患有大病；5残疾人	打工状况 1在家务农；2县内务工；3县外省内务工；4省外务工；5其他	兼业收入（元）	一年内兼业的时间（天）
户主													
1													
2													
3													
4													
5													
6													

1. 基础设施与环境条件

调查项目		是否具有 1= 是 2= 否	离住处的 距离（里）	满意程度 1= 很满意；2= 比较满 意；3= 一般；4= 不太 满意；5= 很不满意	备注 （记录农户原话， 尤其是影响满意 程度的因素）
河流					
水库（坝）					
生活 饮水 来源	地下水				
	自来水				
	水窖蓄水				
	江河湖水				
	其他				
最近公路（通客车）					
主要集镇或市场					
电话					
有线电视					
网线					
废弃物集中处理设施					

2. 土地经营情况（标准亩）当地 1 亩 =＿＿＿＿＿＿标准亩

土地面积	合计	耕地			林地	草场	鱼塘	其他
		合计	水田	旱地				
土地总数								
其中：转包地								

注：转包地主要是为了调查农户之间的土地流转情况。这里是指农户转入土地的总数。耕地的类型中，水田指的是种植或能种植水稻的田块；旱地指的不能种植水稻的田块。

二、农户耕地、种养殖模式情况（调查内容以上年为准）

分类	粮食作物			经济作物			畜牧养殖				林业		渔业	食用菌	其他
品种	水稻	玉米	小麦	棉花	油菜	花生	家禽	猪	牛	羊	林区	果园			
规模															
单产							—	—	—	—					
价格							—	—	—	—					

注：规模单位：亩、只、头；收入单位：元。

分类	生产投入品							生活能源消耗						其他
品种	化肥	农药	农膜	柴油	汽油	电力	种子	煤炭	天然气	液化气	沼气	电力	柴薪	秸秆
单位	kg	kg	kg	kg	kg	度	kg	kg	m³	kg	m³	度	kg	kg
数量														
价格														

注：种子投入指用于该年生产的农作物种子支出；柴薪指家庭日常燃料；秸秆指作物秸秆。

1. 家庭年毛收入＿＿＿＿＿＿元，其中农业收入＿＿＿＿＿＿＿元，务工收入＿＿＿＿＿＿元。

国家补贴＿＿＿＿＿＿元，利息收入＿＿＿＿＿＿元。

2. 家庭年支出＿＿＿＿＿＿＿元，其中农业支出＿＿＿＿＿＿＿元，教育支出＿＿＿＿＿元。

生活支出＿＿＿＿＿＿＿元，人情支出＿＿＿＿＿＿＿＿元，宗教信仰支出＿＿＿＿＿元。

文化娱乐支出＿＿＿＿＿＿元，医疗支出＿＿＿＿＿＿元，其他＿＿＿＿＿＿元。

三、农户的观点与看法

1. 您认为所在村的土地充足吗？　　1 紧张　2 一般　3 充足

2. 您认为所在村的水资源充足吗？　1 紧张　2 一般　3 充足

3. 您认为所在村耕地污染严重吗？

1 十分严重　2 较严重　3 一般　4 轻微　5 没有

4. 您认为村庄河道受到污染程度如何？

1 十分严重　　2 较严重　　3 一般　　4 轻微　　5 没有

5. 您在打农药时，是否按照说明书上的配备比例进行操作？

1 严格按照说明书操作　　2 减少用量_____%　　3 增加用量_____%

6. 您知道农药中有生物农药吗？　1 知道　2 不知道（跳至第 7 题）

（1）若知道，是否使用过生物农药？　1 没有　　2 有（跳至第 6 题 3）

（2）若没使用过，是否打算以后使用？

1 打算，其原因是_____

2 不打算，其原因是_____

（3）若使用过，是否打算继续使用？

1 打算，其原因是_____

2 不打算，其原因是_____

7. 您在施化肥时，是否按照说明书上的配备比例进行操作？

1 严格按照说明书操作　　2 减少用量_____%

3 增加用量_____%

8. 您知道化肥中有有机化肥吗？　1 知道　　　2 不知道（跳至第 9 题）

（1）若知道，是否使用过有机化肥？　1没有　　2有（跳至第8题3）

（2）若没使用过，是否打算以后使用？

1打算，其原因是＿＿＿＿＿＿＿＿＿＿＿＿＿＿＿＿＿＿＿＿＿＿＿

2不打算，其原因是＿＿＿＿＿＿＿＿＿＿＿＿＿＿＿＿＿＿＿＿＿＿

（3）若使用过，是否打算继续使用？

1打算，其原因是＿＿＿＿＿＿＿＿＿＿＿＿＿＿＿＿＿＿＿＿＿＿＿

2不打算，其原因是＿＿＿＿＿＿＿＿＿＿＿＿＿＿＿＿＿＿＿＿＿＿

9. 您听说过无公害农产品/绿色食品/有机食品吗？

1听说过无公害农产品　　2听说过绿色食品　　3听说过有机食品

4三者都听说过　　　　　5三者都没听说过（跳至第9题）

（1）若听过，您认为它跟传统的农产品有什么区别？＿＿＿＿＿＿＿

（2）若听过，您当前是否在从事这方面的生产？　1是　　2否（跳至第10题）

（3）若是，您的产品同一般的农产品相比，价格如何？

1高出＿＿＿＿＿％　　2低于＿＿＿＿＿％　　　3差不多

（4）您认为当前从事无公害农产品/绿色食品/有机食品生产的主要困难是什么？

＿＿＿＿＿＿＿＿＿＿＿＿＿＿＿＿＿＿＿＿＿＿＿＿＿＿＿＿＿＿＿

10. 您家一天大概产生生活垃圾＿＿＿＿＿＿＿斤，主要如何处理？

1随意丢弃　　2送到专门的垃圾收集点　　　3填埋

4焚烧　　　5卖给回收站　　　　　6其他＿＿＿＿＿

11. 您家一天大概产生生活废水＿＿＿＿＿＿＿斤，主要如何处理？

1直接排放到周围环境中　　2经过专门的下水道排放

3 其他_____

12. 您家大概一周产生畜禽粪便_____斤，主要如何处理？

1 直接露天排放或排入河湖

2 还田作农家肥，大概占总量的_____%

3 放入沼气池产沼气，大概占总量的_____%

4 卖给厂家作饲料，大概占总量的_____%

5 其他_____

13. 您家去年生产秸秆_____斤，主要如何处理？

1 做饭，大概占总量的_____%　　　　2 焚烧抛弃

3 生产沼气，大概占总量的_____%　　　4 直接抛弃

5 直接还田，大概占总量的_____%

6 焚烧还田，大概占总量的_____%

7 作饲料，大概占总量的_____%　　　8 其他_____

14. 您在打完药后，对农药瓶或包装袋如何处置？

1 就地扔掉　　　　2 拿回家统一交给垃圾回收站处理

3 卖给废品收购站　　4 其他_____

15. 您家农膜用过后，主要如何处理？

1 就地扔掉　　　2 继续使用　　　3 卖给废品收购站

4 焚烧　　　　5 深埋　　　　6 其他_____

16. 您认为当前农村生产和生活垃圾随意排放对您的生活和生产是否带来不良影响？

1 否　　2 是，具体影响有_____

17. 您认为导致农村生产和生活垃圾随意排放的原因主要是什么？

1 村民文化素质低　　　　　　2 村民环保意识不强

3 多年养成的习惯一时难以改过

4 缺乏集中的垃圾清理点和下水道　　　　5 其他_____

18. 您听过低碳经济／低碳农业这个提法吗？　1 听说过　2 没有（跳至 20 题）

（1）若听过，您从哪儿听说的？

1 乡村干部　　　　2 电视广播报纸　　3 亲朋好友

4 农业技术员　　　5 农产品市场　　　6 农业企业

（2）若听过，对低碳农业了解多吗？

1 只是听说过，并不了解（跳至 20 题）　2 一般了解　　　3 比较了解

（3）您认为低碳农业与传统农业有区别吗？

1 没有区别

2 有区别，表现在_____

19. 您觉得目前有必要大力发展低碳农业吗？

1 没必要（跳至 20 题）　　2 有必要　　　3 无所谓（跳至 20 题）

（1）若有必要，您认为发展低碳农业应该由谁来推动？

1 政府　2 相关企业　3 示范户　4 农民自己　5 其他_____

20. 当前您村正在推行_____

1 沼气工程　　2 乡村清洁工程　3 生态农业示范　4 碳汇林工程

5 富民家园行动计划　　　6 其他_____

（1）对此，您的态度是_____　1 支持　2 反对　3 不关心

（2）您家是否参与了_____？　　　1 是　　2 否（跳至 20 题（7）小题）

（3）若是，主要的做法是_____

（4）若是，什么原因促使您参与其中？

1 看到别人实行的效果较好　　2 政府有补贴　　3 自发需求

4 全村统一实行　　　　　　　5 其他_____

（5）您认为实行_____，给您带来了什么好处？

1 改善了周围环境　　　　　2 节约了生活成本　　3 节约了生产成本

4 给家庭生活带来了便利　　5 其他_____

（6）您认为实行低碳农业生产，对农民增收、家庭生活、周围环境三方面影响程度如何？

	影响最强（3分）	影响其次（2分）	影响最小（1分）
农民增收			
家庭生活			
周围环境			

（7）若否，什么原因导致您不参与其中？

1 成本太高　　2 缺乏技术保证　　　3 风险过高

4 麻烦、费事　　5 效果不明显　　　6 其他_____

21．您认为本村低碳农业生产中，下列环节影响程度如何，按从大到小排序？_____

1 投入环节　2 生产环节　3 产出环节　4 基础设施　5 政策安排

22．各环节具体有哪些因素阻止它推行？

影响因素	影响程度					若严重，如何解决
化肥、农药等农业生产资料价格	很低	较低	一般	较高	过高	
化肥、农药等农业生产资料效果	很好	较好	一般	较差	很差	
资金	很充足	较充足	一般	较缺乏	极缺乏	
技术	很先进	较先进	一般	较落后	很落后	

影响因素	影响程度					若严重，如何解决
劳动力	很充裕	较充裕	一般	较紧张	很紧张	
秸秆利用率	很高	较高	一般	较低	很低	
畜禽粪便利用率	很高	较高	一般	较低	很低	
产品销售渠道	很畅通	较畅通	一般	不畅通	很不畅通	
产品销售价格	很高	较高	一般	较低	很低	
水利设施	很完善	较完善	一般	较老化	很老化	
道路、通信等基础设施	很便利	较便利	一般	不便利	很不便利	
协会组织	很多	较多	一般	较少	极少	
政府宣传次数	很多	较多	一般	较少	极少	
政府财政支持力度	很大	较大	一般	较小	极小	
政府技术支持力度	很大	较大	一般	较小	极小	

四、气候变化认知及应对

1. 是否感知到气候变化（　　）　　　　　A. 认识到　B. 从未认识到

2. 相比 10 年前，气候有明显变暖趋势（　　）　　　A. 是　　B. 否

3. 由于气候变化引起农作物生产条件发生了改变（　　）

A. 是　B. 否

4. 请问您了解气候变化的信息来源于（　　）

A. 电视、广播、互联网　　　　B. 经验判断（过去对比）

C. 亲朋邻里　　　　　　　　D. 其他

5. 您认为当前农业产生更需要关注的问题是（　　）

A. 产量　　　　　　　　B. 环境

6. 您认为气候变化的原因是（　　）

A. 自然因素　　　　　　　　B. 人类活动

7. 大体上，您认为由气候变化引起的全球气温升高对环境的危害程度是（　　）

A. 极其有害　　　　　B. 非常有害　　　　　C. 有些危害

D. 不是很有危害　　　E. 完全没有危害　　　F. 无法选择

8. 您对一项新技术采纳偏好（风险态度）（　　）

A. 最早采纳　　　　　B. 别人采纳后有效果再采纳

C. 最晚采纳或不愿采纳

9. 您对当前种植、养殖技术获取渠道的满意程度是（　　）

A. 非常满意　　　　　B. 比较满意　　　　　C. 基本满意

D. 不太满意　　　　　E. 不满意

10. 参加过有关低碳农业技术的讲座、培训或技术人员现场指导次数：＿＿＿＿

11. 农业内部各产业在排放温室气体方面，请按排放多少排序＿＿＿＿

A. 种植业　　　　　B. 林业　　　　　C. 畜牧业　　　　　D. 渔业

12. 农业内部各产业在吸收温室气体方面，请按排放多少排序＿＿＿＿

A. 种植业　　　　　B. 林业　　　　　C. 畜牧业　　　　　D. 渔业

其中，经济作物与粮食作物在吸收温室气体方面＿＿＿＿

A. 经济作物 > 粮食作物　　　B. 经济作物 < 粮食作物

C. 经济作物 = 粮食作物　　　D. 无法判断

13. 您认为总体上来讲农业生产的净效应为（　　）

A. 增加温室气体排放　　　　B. 有助于减少温室气体排放

C. 两种情况均有

14. 如果您认为农业生产有助于减少温室气体排放，那么您认为

政府是否需要对农户进行环境补偿？（　　）

　　A. 很需要　　　　B. 需要　　　　C. 无所谓　　　　D. 不需要

　　如果认为政府需要进行补偿，您认为政府每亩的补贴标准为（　　）

　　A. 10 元以下　　　　B. 11—20 元　　　　C. 21—30 元

　　D. 31—40 元　　　　E. 41—50 元　　　　F. 51—60 元

　　G. 61—70 元　　　　H. 71—80 元　　　　I. 81—90 元

　　J. 91—100 元　　　　K. 100 元以上

　　15. 如果您认为农业生产导致温室气体排放增加，您认为政府管控最有效手段是（　　）

　　A. 行政管制　　　　B. 征税　　　　　　C. 减少种养殖面积

　　D. 宣传教育　　　　E. 其他_____

五、下面关于低碳农业技术运用，请根据家里实际情况用"√"号表示您的选择

低碳农业项目	听说或见过		自己用过				
	否	是	从不	很少	有时	经常	总是
1. 种植业新品种							
其中：耐旱							
耐涝							
耐盐渍							
耐贫瘠							
抗病							
抗虫							
2. 耕作管理技术							
轮作（套、间作）							
测土配方施肥（根据作物、土壤、肥效）							
氮肥深施（土下 10cm）							

续表

低碳农业项目	听说或见过		自己用过				
	否	是	从不	很少	有时	经常	总是
微生物肥料							
沼渣、有机肥等与化肥混施							
施长效缓释肥（长效碳酸氢铵、长效尿素）							
硝化抑制剂与氮肥一起施用							
无公害残留农药、生物农药（制剂）							
间歇性灌溉、湿润灌溉、淹水灌溉							
3. 废弃物管理技术							
改湿清粪为干清粪							
粪便覆盖贮藏法							
秸秆青贮、氨化再喂动物							
秸秆过腹、翻埋还田							
秸秆食用菌基质化							
建设沼气工程回收利用							
生活垃圾分类回收							
农村生活污水处理技术							
4. 新能源利用技术							
太阳能利用技术（太阳能热水器）							
农村小型电源利用（沼气、风能发电）							
能源作物（生物发电、生物质燃料）							
农村省柴节煤技术（省柴灶、节煤炉）							

对于以上低碳农业技术：

愿意参加培训吗？ A. 愿意 B. 不愿意，原因是_____参加支付多少？___元 / 次

1. 如果政府为鼓励农民参与低碳农业生产、接受低碳农业技术而发放补贴，您愿意参与吗？（ ）A. 愿意 B. 不愿意，原因是_____

2. 若选择"愿意"，政府每亩给您家补贴多少元，您才愿意主动采纳低碳农业技术？（　　）

A.10 元以下　B.11—20 元　C.21—30 元　D.31—40 元　E.41—50 元 F.51—60 元　G.61—70 元　H.71—80 元　I.81—90 元　J.91—100 元　K.100 元以上

六、下面列出一些关于低碳农业技术的观点或感受，请根据您的真实想法用"√"号表示您的选择

序号	观点	非常同意	比较同意	不确定	不太同意	完全不同意
1	我对引起气候变化的原因很了解					
2	我对气候变化带来的严重后果很了解					
3	对农业碳减排的内涵很了解					
4	我们应该主宰自然而不是适应自然					
5	我很愿意采纳农业碳减排技术进行生产					
6	农业碳减排技术是有效缓解气候变化的一个方面					
7	往年用了减排技术带来了增产					
8	农业技术培训指导给予我较多帮助					
9	农业基础设施能满足低碳生产需要					
10	我具有采纳农业碳减排技术的经济条件					
11	我能够通过简单学习轻易地掌握一项农业技术					
12	乡邻及亲朋好友建议我采用农业碳减排技术					
13	村干部及政策建议并支持采用农业碳减排技术					
14	科技示范户认为农业碳减排技术有好处					
15	邻里很会赚钱的人认为农业碳减排技术有好处					
16	农技员宣传并推荐采用农业碳减排技术					
17	邻居里有高学历的人建议采用农业碳减排技术					
18	农业碳减排技术能够带来一定经济收入					
19	农业碳减排技术能够减少环境污染					

序号	观点	非常同意	比较同意	不确定	不太同意	完全不同意
20	农业碳减排技术有助于人类健康					
21	农业碳减排技术很容易学会					
22	我发现农业碳减排技术很容易操作					
23	总的来看我愿意采用减排技术从事低碳农业生产					
24	我想了解采用农业碳减排技术的相关资讯					
25	我想学习农业碳减排技术					
26	农业碳减排技术可能会增加我的投入成本					
27	农业碳减排技术可能会造成减产					

1. 谈谈您对现在低碳农业技术现状的看法？包括（1）技术需求情况；（2）技术供给情况；（3）政府是否进行农业技术的培训、推广；（4）培训、推广效果如何等方面。

2. 若政府对浪费水资源者、施高毒农药者、乱扔垃圾者等实施罚款，以改善和保护农村资源环境，您认为能否起到作用？罚款多少才能让大家主动地节约用水、不施高毒农药、不随便倒垃圾等？

3. 若政府对节约水资源、施低毒、生物农药者等实行奖励，以改善和保护农村资源环境，您认为能否起到作用？奖励多少才能让大家更积极地节约用水、施低毒农药、不随便倒垃圾等？

后　记

本书为国家社科基金青年项目"碳交易视角下我国低碳农业发展的推进机制与政策创新研究"（项目编号：14CJY031）综合研究成果。在此非常感谢全国哲学社会科学规划办公室的项目资助，项目的支持和资助才使得本书更快地与读者见面。同时也非常感谢人民出版社编辑老师给予的诸多修改意见以及在本书出版中辛勤工作！

本书在完成中集聚了课题组成员的辛勤工作和大量心血，参与本书著写的成员如下：刘丽娜、田云、何可、吴贤荣、梅倩、刘雪琪、王春妤、王雯、杜建国。在此一并致以最诚挚的谢意！

虽然自信本书在研究视角、方法、内容等方面具有一定创新性，也自信对低碳农业发展具有一定的现实启发性和理论指导性。然而课题组更深知本书研究的系统性和前瞻性还尚有不足，创新内容上深入研究不够。比如：（1）对于农业碳价值的测算仅仅以湖北省为例进行探索，测算方法还有待进一步完善，此外研究区域还需进一步扩大到全国范围。（2）对于农业参与碳交易，提出了初步的设想，在交易方式方法、体系等方面还没有提出完整的方案，还有待进一步研究。（3）提出了建立农业碳基金，但是对农业碳基金具体来源渠道、额度、使用方式等还没有提出完整的方案，还需进一步研究。（4）低碳农业发展与农业高质量发展、乡村振兴内涵的关系，以及低碳农业如何助推农业高质量发展、乡村振兴还有待进行深入理论和实践研究。以上四个方面是下一步课题组就本领域继续深入开展研究的重点。

　　读者对于本书的疑问之处，欢迎以来信来电等各种方式商榷；同时也期望能够与学者们就上述研究方面开展合作研究！

责任编辑:吴炤东
封面设计:姚 菲

图书在版编目(CIP)数据

我国低碳农业发展推进机制与政策创新研究/李波 等 著. —
 北京:人民出版社,2021.3
ISBN 978－7－01－021904－2

Ⅰ.①我… Ⅱ.①李… Ⅲ.①节能-农业经济发展-研究-中国 Ⅳ.①F323

中国版本图书馆 CIP 数据核字(2020)第 031210 号

我国低碳农业发展推进机制与政策创新研究
WOGUO DITAN NONGYE FAZHAN TUIJIN JIZHI YU ZHENGCE CHUANGXIN YANJIU

李 波 等 著

人民出版社 出版发行
(100706 北京市东城区隆福寺街 99 号)

保定市北方胶印有限公司印刷 新华书店经销

2021 年 3 月第 1 版 2021 年 3 月北京第 1 次印刷
开本:710 毫米×1000 毫米 1/16 印张:16.25
字数:190 千字

ISBN 978－7－01－021904－2 定价:65.00 元

邮购地址 100706 北京市东城区隆福寺街 99 号
人民东方图书销售中心 电话 (010)65250042 65289539